SUPER OCUPADO

SUPER OCUPADO

Um livro (misericordiosamente) pequeno sobre um problema (realmente) grande

Kevin DeYoung

```
D529s    DeYoung, Kevin, 1977-
         Super ocupado : um livro (misericordiosamente)
         pequeno sobre um problema (realmente) grande / Kevin
         DeYoung ; [traduzido por Elizabeth Gomes] – São José
         dos Campos, SP : Fiel, 2014.

         144 p. ; 21cm.
         Tradução de: Crazy busy.
         Inclui referências bibliográficas.
         ISBN 978-85-8132-193-6

         1. Administração do tempo – Aspectos religiosos -
         Cristianismo. 2. Vida cristã. I. Título.

                                                CDD: 650.11
```

Catalogação na publicação: Mariana C. de Melo – CRB07/6477

Super Ocupado - *Um livro (misericordiosamente)*
pequeno sobre um problema (realmente) grande
Traduzido do original em inglês
Crazy Busy: A (Mercifully) Short Book
about a (Really) Big Problem
Copyright ©2013 por Kevin DeYoung

■

Publicado por Crossway Books,
Um ministério de publicações de
Good News Publishers
1300 Crescent Street
Wheaton, Illinois 60187, USA.

Copyright © 2013 Editora Fiel
Primeira Edição em Português: 2014

Todos os direitos em língua portuguesa
reservados por Editora Fiel da
Missão Evangélica Literária

PROIBIDA A REPRODUÇÃO DESTE LIVRO POR QUAISQUER
MEIOS, SEM A PERMISSÃO ESCRITA DOS EDITORES,
SALVO EM BREVES CITAÇÕES, COM INDICAÇÃO DA FONTE.

■

Diretor: Tiago J. Santos Filho
Editor-chefe: Vinicius Musselman
Editor: Tiago J. Santos Filho
Coordenação Gráfica: Gisele Lemes
Tradução: Elizabeth Gomes
Revisão: Marilene Lino Paschoal
Diagramação: Rubner Durais
Capa: Rubner Durais
ISBN impresso: 978-85-8132-193-6
ISBN e-book: 978-85-8132-200-1

Caixa Postal 1601
CEP: 12230-971
São José dos Campos, SP
PABX: (12) 3919-9999
www.editorafiel.com.br

*Ao Mark, Lig, C. J., Al, John, Thabiti, David, e Matt,
amigos ocupados que arranjaram tempo para mim.*

Índice

1 – Olá, Meu Nome é: "Muito Ocupado!" 9

2 – Aqui, Ali e Acabou: Três Perigos a Evitar 19

3 – Os Pês que Matam 37
Diagnóstico #1: Você está cercado de muitas manifestações de orgulho

4 – O Terror da Obrigação Total 49
Diagnóstico #2: Você está tentando fazer o que Deus não espera de você

5 – A Missão de Jesus e a Nossa 61
Diagnóstico #3: Você não pode servir ao próximo sem estabelecer as suas prioridades

6 – Uma Cruel Puerigarquia 77
Diagnóstico #4: Você precisa parar de enlouquecer por causa de seus filhos

7 – O Profundo Chama à Profundidade 91
Diagnóstico #5: Você está deixando a tela estrangular a sua alma

8 – Ritmo e Apatia 105
Diagnóstico #6: É melhor você descansar antes que se estrague totalmente

9 – Abraçando os Fardos de ser Ocupado Demais ... 119
Diagnóstico #7: Você sofre mais porque não espera sofrer nada

10. A única coisa que você tem de fazer 129

Capítulo Um

OLÁ, MEU NOME É "MUITO OCUPADO!"

Sou a pior pessoa possível para escrever este livro.

E talvez também a melhor.

Minha vida é loucamente ocupada. Não digo isso para me orgulhar ou gabar. Não estou tentando ganhar um concurso. Só estou afirmando fatos comprovados. Ou pelo menos descrevendo o jeito que me sinto quase todos os dias. Muitas vezes faço o comentário: "Eu deveria escrever um livro sobre a pessoa que se ocupa demais, se apenas eu tivesse tempo para isso". Não estou fazendo piadinha.

Como cheguei a esta situação? Como você chegou a isso? Como todos nós chegamos a este ponto? Não conheço ninguém nos Estados Unidos [meu país] que responda à pergunta "Como você está?" com: "Bem, para início de conversa, não estou muito ocupado". Suponho que haja algum menino de seis anos por aí que não tenha nada para fazer, bem como alguns amados do lar de idosos que poderiam suportar algumas interrupções, mas para quase todos entre esses dois extremos, existe um senso difundido de se estar implacavelmente abarrotado, e estressado, de coisas a fazer.

Não escrevo este livro como quem tenha alcançado o ápice e agora se abaixa para jogar a corda para todo mundo que ainda não chegou lá. Estou mais como o sujeito com o pé preso dois metros acima do chão, à procura do próximo ponto em que me firmar. Não escrevo este livro por saber mais do que as outras pessoas, mas porque quero saber mais do que sei. Quero saber por que a vida parece tão do jeito que parece, por que o mundo é como é, por que eu sou como sou. Isso tudo porque quero mudar.

Ocupado do mesmo jeito que você

Desde que me conheço como gente — o que me leva atrás por séculos, aos anos 1990 — ando muito ocupado. No colegial eu corria em trilha e *cross-country*, jogava basquete entre times da cidade e do estado, participava da sociedade nacional de melhores alunos, fazia parte do clube de espanhol, cursava múltiplas matérias do programa acelerado, tocava na banda da escola que consumia insanamente o tempo, cantei em um espetáculo musical, participava da igreja duas vezes aos domingos, da escola dominical e do grupo de mocidade e estudo bíblico às sextas-feiras pela manhã. Ninguém me forçava a fazer todas essas coisas. Meus pais não me obrigavam (embora frequência à igreja não fosse considerada opcional). Eu queria fazer tudo isso.

Na faculdade, fazia ainda mais. Era atleta da pista de corrida, jogava esportes universitários, trabalhava em tempo parcial para diversos professores, organizei um dos maiores programas-modelo de ensino compartilhado do país (sim, é verdade), me candidatei como DJ da estação de rádio do campus universitário, dirigi nosso grupo de Aliança de Estudantes Cristãos, frequentava voluntariamente a capela três vezes por semana, cantava no coral da igreja e também no coral da capela da faculdade, participava do ministério universitário de minha igreja, ajudava na organização cristã Brigada de Meninos às quartas-feiras, ia ao culto na igreja domingo pela manhã, depois à escola dominical, depois ao culto da noite, e de volta ao *campus*, na capela até tarde da mesma noite.

A mesma história se repetia no seminário. Somando-se ao curso normal do seminário e à caminhada pelo labirinto dos procedimentos para ordenação em minha denominação, eu fazia estágio em minha igreja, pregava com regularidade, cantava em até três corais diferentes ao mesmo tempo, frequentava um grupo de responsabilização a cada semana, fiz o de sempre com a igreja duas vezes aos domingos, além da escola dominical e uma classe de catecismo, no meio da semana, na qual eu ensinava criancinhas, além de liderar o comitê de missões do seminário, frequentar a capela e constantes reuniões de oração. Eu poderia continuar falando.

Isso antes de eu ficar *realmente* ocupado. As únicas pessoas mais ocupadas que solteiros estudantes de pós-graduação são as pessoas que não estão solteiras e não são estudantes de pós-graduação. Todos esses anos na escola, com exceção de um semestre, eu não estava casado. Não estava no ministério pastoral de tempo integral. Não era blogueiro nem escrevia livros. Não liderava reuniões de presbitério. Não era palestrante em lugar nenhum. Não era escravo da tecnologia. Não tinha de calcular quanto pagar da hipoteca da casa ou do plano de saúde nem cortar a grama do quintal ou consertar a fornalha de aquecimento da casa ou preparar um ou dois sermões em quase toda semana. Eu não tinha de viajar. Não tinha *Facebook* nem *Twitter*. Quase ninguém mandava *e-mail* para mim. E não era pai de uma criança, quanto mais de cinco filhos!

Na maioria dos dias, as minhas responsabilidades, exigências e ambições iam além daquilo que eu conseguia lidar. Tem sido assim desde que eu era adolescente, e só parece piorar com o tempo. Quando alguém pergunta como é que estou indo, a minha resposta quase sempre inclui a palavra "ocupado". Posso pensar em diversos momentos nos últimos dois meses em que murmurei entre meus botões: "O que é que estou fazendo? Como é que eu me meti nessa encrenca? Quando será que vou conseguir controlar minha vida? Por quanto tempo vou conseguir manter esse ritmo? Por que não consigo gerenciar meu tempo? Por que eu concordei em fazer isso? Como é que fiquei tão ocupado assim?" Tenho lastimado minha falta de planejamento e falta de discernimento nas decisões que tomo. Tenho reclamado de meu horário doido. Tenho feito um trabalho displicente porque não deu tempo de fazer outra coisa. Tenho perdido horas silenciosas demais e sido demasiadamente impaciente com meus filhos. Tenho tratado minha esposa com displicência e alimentado relacionamentos importantes apenas com as sobras. Tenho estado ocupado demais para buscar a Deus com todo coração, alma, mente e força.

Noutras palavras, tenho sido e agido exatamente como você!

UMA IDEIA QUE O TEMPO TEM DESPREZADO

– E aí, Kevin, qual é o seu próximo projeto de livro?, meus amigos perguntavam.

– Estou escrevendo sobre estar ocupado demais.

– Verdade?! Mas o seu horário está uma bagunça total. Esse é um de seus maiores problemas.

– Eu sei. Por isso é que estou escrevendo o livro.

Alguns livros foram escritos porque o autor sabe alguma coisa que as pessoas precisam saber. Outros porque o autor viu coisas que outras pessoas precisam ver. Eu estou escrevendo para entender coisas que não sei, e trabalhar em mudanças que ainda não consegui ver. Mais que qualquer livro em que tenho trabalhado, este é um livro para mim.

O que significa que vai ter mais a meu respeito do que outros. Não sei escrever de outro jeito sobre um assunto que tem sido minha luta pessoal, exceto fazendo um livro muito pessoal. Nada existe de surpreendente nas minhas experiências a ponto de terem de ser compartilhadas. Acontece que as minhas experiências são as que eu conheço melhor. Portanto, você obterá um cândido vislumbre de algumas de minhas falhas, lutas e também de percepções de bom senso e bíblicas, que me ajudaram a dar sentido às questões do coração.

Hesito em dois aspectos ao escrever um livro como este, e ambos são provenientes do orgulho. Por um lado, tenho de deixar de lado a tendência de sempre qualificar minhas lutas com repetidas afirmações de que as coisas realmente não estão tão ruins como parecem. Num sentido, isso é verdade. Sou feliz no casamento e amo ser pai. Não estou esgotado pelo estresse. Não estou trinta quilos acima do peso. Consigo dormir à noite. Tenho amigos. Tem gente em minha vida que me mantém responsável. Este livro não é um grito por socorro.

Apesar de que é! Quero crescer nesta área. Não quero manter o mesmo ritmo durante a vida inteira. Francamente, é provável que eu não consiga. Talvez minha vida não esteja rodopiando fora de controle, mas provavelmente está girando depressa demais e ficando um pouco bamboleante.

A minha segunda hesitação é exatamente o contrário. Preocupa-me que você pense que estou exibindo minha intensa atividade como uma medalha de honra. Se você não acha que, para início de conversa, estou numa confusão total por ter tais questionamentos, talvez você pense que eu seja um vaidoso por falar a respeito deles. "Deve ser agradável ser convidado para palestrar em conferências, Rev.

Kev. Deve ser muito prazeroso as pessoas pedirem que escreva livros. Ótimos nomes sempre são mencionados, Pastor. Eu quisera que essas pessoas estivessem batendo à minha porta! Obrigado por compartilhar todos os seus *horríveis* fardos conosco."

Entendo o sentimento. Quando algumas pessoas falam sobre estar em uma correria danada, parecem-se àquele bilionário campeão de futebol de queixo quadrado que reclama de todas as sessões de fotografia que tem de fazer nas próximas semanas. Eu realmente espero que minhas palavras não soem como as *daquele chato* — o que espera simpatia cada vez que ele conta a triste história de como o aeroporto de Milão é muito pior em comparação ao aeroporto de Praga. No que consigo discernir em meu coração, não tenho orgulho por estar muito ocupado, nem tenho orgulho pelas coisas que me ocupam. De outras formas, com certeza, o orgulho está ligado, mas não por compartilhar as próprias lutas.

Além do mais, quando chegamos ao ponto principal, todo mundo anda ocupado do mesmo jeito. Quer você seja pastor, pai ou mãe ou pediatra, é provável que lute com o peso esmagador de equilibrar o trabalho, a família, exercícios, contas, igreja, estudos, amigos e uma infinidade de exigências, pedidos e desejos. Sem dúvida, algumas pessoas estão quantitativamente menos ocupadas que outras, e algumas muito mais, mas isso não muda a experiência compartilhada: quase todo mundo que eu conheço se sente exausto e esmagado pelos compromissos, na maior parte do tempo.

São assim as pessoas da minha igreja. São assim meus amigos espalhados por todo o país. É assim que eu sou. E é por esta razão que estou escrevendo este livro.

MUNDOS AFASTADOS?

Li certa vez uma história sobre uma mulher de outra cultura que foi aos Estados Unidos e começou a se apresentar como "Busy" (ocupada). Era, afinal de contas, a primeira coisa que ouvia quando se encontrava com qualquer americano. *Olá, estou, Busy* — ela concluiu que isso fazia parte de nosso cumprimento tradicional, e assim, dizia a todos que encontrava que ela mesma era assim.

É desta forma que a maioria de nós descreve a si mesmo, e muitos mais dentre nós estão se tornando assim. Ocupados. Não importa onde vivemos ou qual a nossa origem. É verdade, existem diferenças importantes no modo como as pessoas entendem o tempo. Estou bastante consciente de que este livro presume um contexto cultural modernizado, industrializado. Sei que tenho uma visão ocidental do tempo, e que um livro africano que tratasse de estar muito ocupado talvez incluísse prescrições diferentes, contendo muitos *insights* que eu não tenha percebido. Para este fim, espero que nestas páginas você distinga entre aplicação prática (que possivelmente será diferente em culturas diversas) e princípios e diagnósticos bíblicos (que não mudam). Por exemplo, eficiência e pontualidade podem ser demonstrações de respeito pelo próximo, mas não são virtudes absolutas. Pergunte ao homem que estava na estrada de Jericó.

Mas todos nós vivemos em algum lugar e temos de nadar na água ao nosso redor. Só posso tratar das realidades da vida conforme as experimento na minha própria realidade. Embora seja possível que isso limite a efetividade deste livro em alguns contextos, acho melhor eu *não* tirar minhas lentes ocidentais, mesmo porque provavelmente eu não conseguiria e, além disso, o mundo, por melhor ou pior que seja, só ficará mais globalizado, urbanizado, e ocupado demais nos anos que estão à nossa frente.

Muitas outras culturas não estão tão obcecadas com minutos e segundos quanto nós, mas para a maioria, é este o mundo em que habitamos. Para os outros, é o mundo que está chegando aí.

Pintando com números

Espero que você encontre neste livro ideias altamente práticas e teologicamente acessíveis. É esse o livro que proponho escrever porque é o que eu gostaria de ler. Nestas páginas, não vasculho as profundezas da união com Cristo, sombras do futuro escatológico ou história interpretativa do quarto mandamento. Esse não é o tipo de livro que você está lendo. Ao mesmo tempo, não me interesso apenas em dar algumas técnicas de gerenciamento do tempo ou dicas sobre como utilizar seu filtro de *e-mail*. Quero compreender o que acontece no mundo e em meu coração para que eu entenda o porquê de me sentir assim. Quero também compreender como devo mudar — ainda que apenas um pouquinho. Ambas as tarefas exigem teologia. E ambas requerem ser essencialmente práticas.

O esboço deste livro é bastante simples. Se você quiser uma poesia ou um desenho ilustrativo sobre estar ocupado, não vai encontrar nestas páginas. Mas se você deseja um esboço claro com algumas listas, eu sou o homem da hora. O meu esboço é simples como três números: 3, 7, e 1: três perigos a evitar (capítulo 2), sete diagnósticos a considerar (capítulos 3-9), e uma coisa que você deve fazer (capítulo 10). Não prometo uma transformação total. Não ofereço garantias ou seu dinheiro de volta. Meu alvo é bem mais modesto. Espero que você encontre algumas maneiras de enfrentar os seus horários, diversas sugestões para recuperar a sua sanidade e muito encorajamento para lembrar de sua própria alma.

Tudo isso para dizer que espero que a leitura deste livro seja para você exatamente aquilo que procuro para mim ao escrever!

Capítulo Dois
AQUI, ALI, E ACABOU: TRÊS PERIGOS A EVITAR

Não é a história mais famosa da Bíblia, mas é uma das mais estranhas. No final de 1 Reis 20, deparamos com um homem que inventa um estranho plano para repreender o rei de Israel. O povo de Deus estava em *guerra* contra a Síria, e Deus lhes dava sucesso militar. Mas Acabe era um rei maldoso, petulante e covarde. Exatamente quando Deus entregou o rei sírio, Ben-Hadade, em suas mãos, Acabe concordou em soltá-lo em troca de uns bazares em Damasco. O gesto pode nos parecer magnânimo, mas a egoísta barganha de Acabe colocava em perigo todo Israel e desonrava ao Senhor.

Assim, certo homem dentre os filhos dos profetas engendrou um plano. Ele se aproximaria do rei vestido como um servo que voltava da batalha. O primeiro passo era se parecer com isso, e para tanto, o profeta sem nome pediu que um colega, a mando do Senhor, batesse nele. Um tanto compreensivelmente, esse segundo profeta não quis atender seu pedido, e isso levou à sua morte prematura nas garras de um leão (eu não lhe disse que essa história era bastante estranha?!). Assim, o profeta encontrou outro homem, a quem também pediu: "Bata-me, por favor". Desta vez o homem deu um golpe e o feriu.

Agora, o profeta estava pronto para ir até o rei. Com as feridas autoinfligidas, o homem se disfarçou com uma venda nos olhos e contou ao rei uma história: "Acabo de vir da batalha e preciso dizer-lhe uma coisa. Um soldado trouxe-me um homem e mandou que eu o vigiasse com minha vida. Uma coisa leva a outra, e devo ter me distraído com alguma coisa e, cadê?, o homem fugiu".

Claro que o rei ficou furioso: "Exatamente como você disse – essa negligência será paga com a sua vida!" Então o profeta removeu o curativo, revelando sua verdadeira identidade, e repreendeu o rei por deixar livre a Ben-Hadade quando Deus queria que ele morresse. Não foi uma medida muito inteligente. A desobediência custaria a vida de Acabe, assim como ele dissera ironicamente que deveria ser.

Meu ponto ao relatar esse obscuro incidente não é encorajar a pancada na cara. Menciono a história para destacar a maneira como o profeta, que se fingiu de guarda, se dirigiu ao rei para explicar como aquele homem conseguiu fugir: "Estando o teu servo ocupado daqui e dali, ele se foi" (1 Reis 20.40). Reconheço que 1 Reis 20 não está tratando do problema de ocupação demasiada, mas a linha do versículo 40 me parece uma descrição perfeita de nossa era. Estamos ocupados aqui, ali e em todo lugar. Estamos distraídos. Estamos preocupados. Não conseguimos focar o que é a tarefa à nossa frente. Não a cumprimos. Não cumprimos os nossos compromissos. Estamos tão ocupados com um milhão de projetos que nem notamos as coisas mais importantes que nos fogem.

A CONFISSÃO É BOA PARA A ALMA

Você e eu temos um problema. Na maioria das manhãs, nos arrastamos da cama, começamos a rotina diária e esperamos, contra a esperança, que simplesmente consigamos manter a linha. Talvez consigamos manter a casa em um estado apenas leve de desordem. Talvez consigamos realizar quase tudo da lista de coisas imprescindíveis a fazer. Talvez mais ninguém fique doente. Talvez a caixa de entrada de *e-mail* não fique mais cheia do que está. Talvez a gente não caia no sono depois do almoço. Quem sabe, apenas talvez, consigamos fazer bastante nas próximas dezoito horas para vencer o burro de carga da ocupação, e viver para ver mais um dia. Em geral, não acordamos tentando servir, mas apenas tentando sobreviver.

Em seu livro *The Busy Christian's Guide to Busyness*, [Guia de ocupação do cristão ocupado], Tim Chester sugere doze perguntas diagnósticas que determinam o quanto estamos mal da "doença da pressa".[1] Posso imaginar como responderíamos a cada pergunta nos pequenos grupos de estudo de nossas igrejas. E depois, imaginar como *realmente* responderíamos:

---

1 Tim Chester, *The Busy Christian's Guide to Busyness* (Nottingham, England: Inter-Varsity Press, 2006), 9–10.

SUPER OCUPADO

1. "Você trabalha regularmente trinta minutos por dia além das suas horas contratadas?"
   O que isso tem a ver com a coisa? Tenho muito que fazer, portanto tenho de trabalhar muitas horas.

2. "Você verifica e-mails e mensagens de telefone do trabalho quando está em casa?"
   Está falando sério? Você tem estado por aqui no milênio atual?

3. "Alguém já lhe disse: 'Não quero incomodá-lo porque sei o quanto você anda ocupado'?"
   Claro que sim! Ainda bem que eles têm a decência de respeitar o meu tempo!

4. "Sua família ou amigos reclamam de você não ter tempo para passar com eles?"
   Bem... eu não chamaria isso de reclamação. Eles ainda estão aprendendo que tempo de qualidade é mais importante do que quantidade de tempo.

5. "Se, de repente, e sem esperar, amanhã você tivesse a noite livre, usaria seu tempo para trabalhar em alguma tarefa doméstica?"
   Claro que sim. Você não faria isso por mim, faria?

6. "Com frequência você se sente cansado durante o dia ou descobre estar com pescoço e ombros doloridos?"
   Refrigerante, analgésicos... Sem problema.

7. "Com frequência você excede o limite de velocidade quando está dirigindo?"
Depende... se eu estou tentando comer batata frita enquanto estou ao volante.

8. "Você faz uso de quaisquer horários flexíveis oferecidos por seus empregadores?"
Com certeza. Trabalho em casa. Trabalho no carro. Trabalho quando estou de férias. Consigo trabalhar em qualquer lugar.

9. "Você ora com seus filhos com regularidade?"
Nunca os rejeito quando eles pedem que eu ore.

10. "Você tem tempo suficiente para oração?"
Sou mais do tipo "orar sem cessar". Não preciso separar horários específicos para orar porque estou sempre em comunhão com Deus.

11. "Você tem um *hobby* em que se envolve ativamente?"
Vale o jogo do computador?

12. "Vocês comem juntos como família, em sua casa, pelo menos uma vez ao dia?"
Mais ou menos. Quando uma pessoa está comendo, a outra geralmente está em casa na mesma hora.

Em dia normal, minha vida parece algo entre um eterno acampamento de verão e um circo de três picadeiros. É provável que você tenha sentido do mesmo jeito. Pense na semana média de trabalho no nosso país. Não faz muito tempo que os futuristas prediziam que um dos maiores desafios para as próximas gerações seria tempo livre em demasia. Em 1967, por exemplo, um depoimento ante uma subcomissão do senado dizia que, até 1985, a média semanal de trabalho seria de apenas 22 horas.[2] Em vez disso, os americanos lideram o mundo industrializado em horas anuais de trabalho. Nossa média de horas trabalhadas em um ano aumentou de 1716, no ano de 1967, para 1878 horas no ano 2000.[3] Trabalhadores britânicos trabalham uma hora a mais por dia em comparação com os trabalhadores alemães e italianos, mas ainda assim é quase uma hora a menos que os americanos.[4] Se você quiser uma carga horária mais fácil (e muita riqueza gerada pelo petróleo), considere a Noruega. Os trabalhadores daquele país trabalham uma média de 14 horas menos a cada mês do que sua contrapartida norte-americana.[5]

Um novo mundo muito atarefado

Quando pensamos nisso, ficamos perplexos. Por que nós — americanos, brasileiros, ocidentais, quase qualquer pessoa no mundo industrializado — entre todas as pessoas, deveríamos estar tão atarefados quando vivemos com tanto luxo?

---

2 Citado por Richard A. Swenson em *Margin: Restoring Emotional, Physical, Financial, and Time Reserves to Overloaded Lives* (Colorado Springs: NavPress, 2004), 114.
3 Ibid., 115.
4 Chester, *Busy Christian's Guide*, 10.
5 Swenson, *Margin*, 115.

Somos uns frouxos? Estamos causando isso sobre nós mesmos? Somos especialmente ineptos em gerenciar nossa vida? Talvez; é possível; quem sabe. Mas parece haver alguma coisa singular sobre o nosso tempo.

De começo, parece que a vida não podia ser mais desafiadora em qualquer época com exceção, quem sabe, do tempo da Reforma. Uma pessoa como João Calvino não possuía encanamento hidráulico dentro de casa. Não havia aquecimento central nem ar-condicionado. Tinha de escrever seus livros e cartas à mão ou ditá-los a um escriba. Não tinha automóvel para se locomover. Sua vida não tinha quase nenhum dos confortos que nós consideramos básicos e normais. Ele estava sempre doente. Trabalhava demais. Morreu aos cinquenta e quatro anos. As pessoas podem estar ocupadas em qualquer século.

Porém, embora as pessoas possam se levar à exaustão em qualquer século, não há dúvida de que a Genebra do século XVI foi um lugar muito mais simples para se morar do que nosso mundo atual. Há duas realidades do mundo modernizado, urbanizado, globalizado, que quase ninguém mais na história humana poderia imaginar: *nossa complexidade* e *nossa oportunidade*. Eu poderia dar estatísticas sobre os terabites de informática da *Internet* ou o variado número de cereais em seu supermercado para provar o meu ponto, mas não preciso. Ninguém precisa convencê-lo de que o mundo é assim mesmo.

Temos mais oportunidades do que em qualquer época anterior. A capacidade de viajar a baixo custo é um progresso recente. A capacidade de conseguir informações de qualquer lugar também. Mesmo a capacidade de conseguir manter-se acordado depois do pôr do sol é relativamente nova. O resultado é simples e verdadeiro: porque *podemos* fazer tanto, nós *fazemos mesmo* tanta coisa. Não temos limites em nossas vidas. Comemos (a maioria) aquilo que queremos, compramos (grande parte) aquilo que desejamos e dizemos sim (demais) para aquilo que queremos. Em toda nossa vida vemos uma expansão exponencial do número de oportunidades para crianças, oportunidades para idosos, oportunidades de lazer, oportunidades de viajar, oportunidades de educação superior, oportunidades na igreja (e de igrejas diferentes), oportunidades em nossas comunidades locais, oportunidades de fazer diferença no mundo ao nosso redor. Não é de admirar que estejamos tão ocupados.

Junto a essa explosão de oportunidades está um mundo de espantosa complexidade. Fui a Boston cursar o seminário em 1999. Como a faculdade em que estudei antes disso ficava apenas trinta e dois quilômetros de onde eu cresci, a ida ao seminário marcou a primeira vez que eu fiquei longe de casa. O trabalho de classe era um desafio, mas, para mim, a verdadeira frustração naquele primeiro ano foi entender o que significa ser um adulto. Eu planejava minhas tarefas de leitura e de trabalhos escritos com meticulosidade, mas ninguém tinha me falado para planejar todas as exigências da vida. Tive de descobrir como manter o meu carro em bom funcionamento: em que oficina levá-lo e como arranjar $1.500 dólares para pagar uma nova transmissão. Tive de me candidatar para obter auxílio financeiro e navegar em questões de seguro de saúde e seguro do carro. Tive de abrir uma conta bancária e calcular sozinho os meus impostos. Tive de arranjar uma linha telefônica e aprender a pagar as contas por meio de um labirinto de instruções automatizadas. Tive de contratar uma conexão de discagem da *Internet*. Tinha de lavar minha própria roupa e passar as minhas camisas.[6] E como tantos jovens, tive de fazer tudo isso sem ninguém da família por perto nem amigos chegados que pudessem me dar dicas e mostrar o caminho. Nunca antes eu tivera tanta confusão como naquele primeiro ano em que tentava tornar-me adulto funcional em nosso complicado mundo, no qual eu passara quatro anos quase sem lavar minha própria roupa, no tempo da faculdade, quando estava perto de casa! Tudo tomava tempo — tempo que eu não tinha, e tempo que eu não planejara gastar. Que chatice! Que dor.

Fui até mesmo chamado para prestar meu dever de cidadão e servir no juri do tribunal.

TRÊS PERIGOS A EVITAR

Por mais agitada e frustrante que a vida moderna possa ser, os maiores perigos não são as inconveniências materiais ou temporais. Uma pessoa pode fazer trabalho físico por doze horas diárias, seis dias por semana, a vida inteira e não sofrer por isso. Na verdade, ele (ou ela) poderá ser mais saudável ao fazer isso. Mas se o esforço for mental — como é o caso da maioria dos empregos e para a maioria de nós — os efeitos

---

[6] Sim, eu sei. Isso devia ter acontecido quando eu estava na faculdade, mas como eu morava tão perto de casa eu conseguia me virar.

negativos sobre o corpo poderão ser gigantescos.[7] Assim, não ignore o perigo físico de estar ocupado demais. Mas lembre apenas que as ameaças mais sérias são os perigos *espirituais*. Quando estamos ocupados como loucos, colocamos em risco nossa alma. O desafio não é apenas fazer desaparecer alguns maus hábitos. O desafio é impedir que as nossas vidas espirituais desvaneçam. Os perigos são sérios e crescentes. Poucos entre nós estão tão seguros quanto pensamos.

O primeiro perigo é que estar ocupado demais pode estragar nossa alegria.

Esta é a ameaça espiritual mais imediata e óbvia. Como cristãos, nossas vidas deviam ser caracterizadas pela alegria (Filipenses 4.4), com sabor de alegria (Gálatas 5.22) e cheias da plenitude da alegria (João 15.11). Ocupação em demasia ataca tudo isso. Um estudo diz que pessoas que viajam diariamente a serviço experimentam maior nível de estresse do que pilotos de aviões de bombardeio ou policiais.[8] É isso que estamos enfrentando. Quando nossa vida está frenética e desvairada, somos mais propensos à ansiedade, ressentimentos, impaciência e irritabilidade.

Enquanto eu trabalhava neste livro, pude perceber em meu interior um espírito melhorado. Não por meus escritos, mas pelo tempo de folga que recebi para fazer o trabalho de escrever. Durante aquelas semanas sem as pressões de viajar,

---

7 Swenson, *Margin*, 46.
8 Chester, *Busy Christian's Guide*, 115.

reuniões e constante preparo de sermões, descobri estar mais paciente com meus filhos, mais atento e sensível para com minha esposa, mais disposto a ouvir de Deus. É óbvio que todo mundo tem semanas e meses em que tudo que pode dar errado, e dá mesmo errado. Nesses períodos teremos de lutar com força para ter alegria no meio de muita ocupação. Mas poucos de nós lutarão *agora mesmo* em prol da alegria *da próxima semana*, enfrentando os hábitos desnecessários de ocupação atarantada que tornam a maioria das semanas em infeliz perturbação.

Há muitos anos escutei uma entrevista com Richard Swenson, médico cristão, sobre o conceito de "margem". Não existe nada singularmente cristão sobre a ideia em si; mas existe algo muito anticristão em ignorá-la. "Margem", diz Swenson, "é o espaço entre nosso fardo e nossos limites".[9] Planejar com margem significa planejar para o não planejável. Quer dizer que entendemos o que é possível a nós, criaturas finitas, e então agendamos para *menos* que isso!

No ano que se passou, percebi que eu não planejara nenhuma margem em minhas semanas — na verdade, tenho uma margem reversa. Olho para a próxima semana e antes de surgir qualquer interrupção ou novas oportunidades ou empecilhos, já tenho ideia de como conseguir fazer tudo. Vejo o agendamento das reuniões, os sermões que terei de preparar, os *e-mails* que preciso escrever, os *blogs* que tenho de postar, os projetos que tenho de completar, as pessoas que tenho de atender, e calculo que, se tudo der certo, ou um pouco melhor do que esperado,

---
9 Ibid., 69

consigo espremer tudo na agenda. Mas, claro, não existem semanas ideais, e acabo sem nenhuma margem para absorver as surpresas. Então, eu corro, me arraso, e ocupando-me loucamente, boto a mão na massa. É só isso que consigo fazer naquele momento, porque não planejei melhor semanas atrás.

A ocupação desenfreada é como o pecado: mate-o ou ele vai matar você. Todos nós caímos num molde previsível. Começamos a nos sentir sobrepujados por um ou dois grandes projetos. Depois ficamos arrasados com o desgaste e perdemos esperança de encontrar novamente a paz e juramos que temos de mudar as coisas. Aí, duas semanas mais tarde, a vida parece mais suportável e esquecemos o que juramos até que o ciclo se repita novamente. Não percebemos que o tempo todo temos sido uns desgraçados sem alegria, retrucando sem dó e sendo pessoalmente simpáticos tanto quanto um gato arredio. Quando a ocupação vai atrás da alegria, vai contra a alegria de todo mundo.

O segundo perigo é que essa ocupação desenfreada pode roubar o coração.

O semeador jogou a semente com liberalidade. Algumas sementes caíram à beira do caminho e as aves devoraram tudo. Algumas caíram em chão rochoso e brotaram rapidamente, mas murcharam com o calor do primeiro sol ardente. Algumas sementes caíram entre os espinhos que sufocaram sua frágil vida. Nesta parábola de Jesus, há uma clara progressão (Marcos 4.1-20). Em alguns corações, a Palavra de

Deus nada faz. Satanás a tira, logo que acabou de ser plantada. Em outros corações, de início a Palavra cresce, mas desvanece tão depressa quanto cresceu. As perseguições e provações colocam o possível cristão fora de ação. Mas na terceira categoria de falta de sucesso no plantio, a Palavra penetra mais fundo. A planta brota, chega quase ao ponto de produzir fruto. Parece que a terra é boa. Vida nova aparentemente está formando raízes. Tudo está a caminho para uma boa colheita. Até que surgem os espinhos.

João Calvino disse que o coração humano é "uma espessa floresta de espinhos".[10] Jesus dá nome específico a dois deles. O primeiro ele chama de "os cuidados deste mundo" (Marcos 4.19). Você sabe por que retiros, viagens missionárias, acampamentos e conferências cristãs quase sempre fazem bem para nosso crescimento espiritual? Porque para participar deles, temos de liberar nossa agenda. Você sai. Deixa de lado sua insanidade normal para um final de semana e encontra espaço para pensar, orar e adorar a Deus.

Para a maioria de nós, não é a heresia ou apostasia que fazem nossa fé sair dos eixos. São as preocupações da vida. Você tem de consertar o carro. O aquecedor de água pifa. A criançada precisa ir ao médico. Você ainda não conseguiu fazer sua declaração de imposto de renda. Sua conta no banco está sem saldo. Você se atrasou em escrever notas de agradecimento. Você prometeu à sua mãe que iria para a casa dela dar um jeito

---

10 João Calvino, *Commentary on a Harmony of the Evangelists*, vol. 2 (Grand Rapids, Eerdmans, 1949), 116.

de consertar a torneira. Você está atrasado no planejamento para seu casamento. O concurso ou seu exame da OAB está chegando. Tem de mandar imediatamente mais currículos. O prazo da sua dissertação de mestrado está se esgotando. O tanque está vazio. O gramado precisa ser aparado. As cortinas da casa não estão colocadas. A lavadora de roupa está sacudindo e fazendo um barulho assustador. Esta é a vida para a maioria de nós, e está sufocando nossa vida espiritual.

Um segundo espinho está relacionado ao primeiro. Jesus diz que a obra da Palavra é engolida pelo desejo por outras coisas. As coisas em si não são o problema. O problema é tudo que fazemos para obter essas coisas, cuidar delas e conseguir cada vez mais. Não é de admirar que as pessoas mais estressadas do planeta vivam nos países mais ricos? Casas de veraneio, barcos, pacotes de férias, investimentos, imóveis, motocicletas incrementadas, carro novo, casa nova, computador de última geração, novos *videos games*, nova maquiagem, novos DVDs, novos *downloads,* novo — tudo isso leva tempo. Ouvimos sermões sem conta sobre os perigos do dinheiro, mas o perigo verdadeiro vem depois que você gastou seu dinheiro. Uma vez que você seja o proprietário, tem de fazer a manutenção, mantê-lo trabalhando e ficar atento para as últimas melhorias. Se as preocupações na vida não nos afundam, a manutenção consegue fazer isso!

Jesus sabe do que está falando. Por mais que oremos contra o diabo e oremos pela igreja perseguida, no pensamento de Jesus a maior ameaça ao evangelho é a mera exaustão. A situação de estar ocupado demais mata mais cristãos do que balas. Quantos sermões perdem seu poder por causa de excessivas preparações de almoços ou jantares e jogos de futebol profissionais? Quantos momentos de dor são desperdiçados porque nunca paramos tempo suficiente para aprender com eles? Quantas vezes o culto particular e familiar foi esmagado por projetos de escola ou jogos de futebol? Precisamos guardar, vigiar o coração. A semente da Palavra de Deus não cresce para frutificação sem ser podada por repouso, calma e quietude.

O terceiro perigo é que estar ocupado demais pode encobrir a podridão de nossa alma.

O compasso agitado da vida pode nos tornar física e espiritualmente doentes. Provavelmente isso não é surpresa para você. O que talvez não reconheçamos é que nossas agendas amalucadas muitas vezes são sinal de que um mal já se instalou.

Desde 2002 tenho me reunido a cada outono com alguns amigos do seminário. Nove dentre nós nos reuníamos semanalmente quando cursávamos o Gordon-Conwell, e quando nos formamos, fizemos um compromisso de nos encontrarmos uma vez ao ano. Comemos bastante, rimos muito e assistimos muito futebol. Também conversamos sobre nossas alegrias e lutas dos últimos doze meses. Com o passar dos anos temos observado temas conhecidos de cada um de nós. Talvez um esteja lutando com o descontentamento, outro com desânimo, outro com que direção tomar e outro com pressões relacionais no trabalho. Todos nós temos pecados que nos afligem e questões previsíveis. O meu pecado tem sido andar ocupado demais. Quando chega a hora de compartilhar, todo mundo já espera que vou falar o quanto tenho para fazer e que não sei o que eliminar da minha vida.

Embora possa soar nada saudável alguns homens crescidos continuarem lutando com os mesmos problemas ano após ano, o sinal saudável é que começamos a nos responsabilizar mais por essas dificuldades. Reconhecemos que se as mesmas questões atingem os mesmos homens todo ano, talvez a questão central esteja dentro de cada um de nós. O que diz a meu respeito o fato de que estou frequente e completamente dominado por esta questão? O que preciso aprender sobre mim mesmo? Quais as promessas bíblicas em que não estou crendo? Quais os mandamentos divinos que ignoro, quando deveria estar obedecendo? Que mandamentos autoimpostos eu estou obedecendo, quando deveria ignorá-los? O que está acontecendo dentro de minha alma para, durante todo ano, estar ocupado que nem louco ser a minha principal característica?

A presença de ocupação extrema em nossa vida pode estar apontando para problemas mais profundos — insidiosa tendência de agradar sobretudo às pessoas, ambição implacável, um sentimento de mal-estar, de falta de significado. "Ocupação em demasia serve como uma espécie de segurança existencial, um muro contra o vazio", escreve Tim Kreider em seu artigo viral, "The 'Busy' Trap", [*A armadilha do ocupado*] para o *New York Times*. "É óbvio que a sua vida não pode ser tola, trivial ou sem sentido se você estiver atarefado, de agenda completamente cheia, procurado para atender algo em todas as horas do dia".[11] O maior perigo com estar ocupado que nem louco é que podem existir perigos que você nunca teve tempo de considerar.

"Ocupado demais" não significa que você seja um cristão fiel ou frutífero. Só quer dizer que você está ocupado, como todo mundo. E como todo mundo, a sua alegria, o seu coração, a sua alma estão em perigo. Precisamos da Palavra de Deus para nos libertar. Precisamos de sabedoria bíblica para nos endireitar. O que realmente necessitamos é que o grande médico cure nossas almas exageradamente agendadas.

Se apenas pudéssemos tirar tempo para uma consulta!

---

11 Tim Kreider, "The 'Busy' Trap", *New York Times*, June 30, 2012.

Capítulo Três
OS PÊS QUE MATAM

Diagnóstico #1: Você está cercado de muitas manifestações de orgulho

Suponho que todo escritor tenha rotinas diferentes para escrever. Quando sei o tema de meu próximo livro, começo a ler a respeito cerca de um ano antes de começar a escrever. Colijo artigos e postagens de *blogs*. Anoto pensamentos que surgem de diversas origens. Em geral, leio vinte a vinte e cinco livros sobre o assunto antes de começar a escrever. Ao me preparar para este livro atual, li livros sobre liderança, gerenciamento do tempo, tecnologia e o sábado bíblico. Alguns livros eram cristãos, outros não. A maioria ajudou.

Mas nem todos. De alguma forma, tropecei sobre um livro que inicialmente parecia promissor, de nome *Time Warrior* [Guerreiro do tempo].[1] Deve ter recebido boas indicações no

---
1 Steve Chandler, *Time Warrior: How to Defeat Procrastination, People-Pleasing, Self-Doubt, Over-Commitment, Broken Promises and Chaos* (Anna Maria, FL: Maurice Bassett, 2011).

Amazon, ou talvez o endosso na capa de trás por Jay Adams (descobri depois que não é o mesmo Jay Adams, o conselheiro bíblico). Qualquer que fosse a razão, encomendei o livro, esperando uma ou duas pepitas práticas sobre gerenciamento de tempo. O que encontrei foram parágrafos como este, do prefácio:

> Este livro leva você em uma jornada de 101 capítulos, cuja intenção é transmutar os metais básicos da consciência ordinária adentrando ao ouro da visão não linear do Guerreiro do Tempo. Você aprenderá a criar para si um estilo cognitivo recém-descoberto e mais poderoso, que tornará o traçar do tempo, realização de múltiplas tarefas e outros comportamentos subservientes ao relógio em memória insossa e distante.[2]

Certo, só preciso transmutar os metais básicos da consciência de tempo. Está tudo ficando claro. Na verdade, não tenho certeza de que eu entendi a essência de um guerreiro do tempo, exceto que ele pensa pensamentos bem positivos, acredita em si mesmo e vai em frente agora mesmo, fazendo coisas legais com "desmembrar a procrastinação".[3]

Existem muitos livros como *Time Warrior* que prometem uma nova abordagem revolucionária ao problema de "super ocupado". Afinal de contas, quem é que não deseja apren-

---

2 Ibid., xi-xii (observe: o prefácio foi escrito pelo publicador, Maurice Bassett).
3 Ibid., 21

der segredos há muito tempo esquecidos que transformarão para sempre a sua vida? No entanto, todos nós sabemos que no fundo não é assim que a vida funciona. A transformação não é tão simples assim. Os consertos não são tão rápidos. Especialmente por sermos cristãos, devíamos saber melhor, pois entendemos mais profundamente que o problema não é nossa agenda ou a complexidade do mundo — alguma coisa não está certa *conosco*. O caos é pelo menos parcialmente autoengendrado. A desordem da vida diária é produto de desordem nos recônditos mais interiores do coração. As coisas não são como elas deveriam ser porque *nós* não somos como devíamos ser. Isso significa que a nossa compreensão de *ocupados demais* deve começar com o pecado que gera tantos outros pecados em nossa vida: orgulho.

MEDITAÇÃO SOBRE AS MUITAS MANIFESTAÇÕES DO ORGULHO

O orgulho é sutil e muda sempre de forma. Existe mais disso trabalhando em nosso coração do que sabemos, e mais dele pulsa entre nossa ocupação desenfreada do que percebemos. O orgulho é um vilão de mil caras.

Preciso agradar os outros. Estamos sempre ocupados porque tentamos fazer coisas demais. Fazemos coisas demais porque dizemos "sim" a gente demais. Dizemos sim a todas essas pessoas porque queremos que elas gostem da gente e tememos sua desaprovação. Não é errado ser bondoso. Na verdade, ser servo é marca do cristão. A necessidade de agradar os outros é outra história. Voluntariar-se para vender doces por amor ao próximo é uma coisa. Oferecer-se para vender doces para que o próximo passe a amar você é bem diferente. Grande parte de nossa ocupação desenfreada vem de tentar realizar as expectativas dos outros. Temos a reputação de sermos as pessoas *mais boazinhas* do mundo, porque o princípio operante de nosso coração é sermos reputados como as pessoas mais agradáveis deste mundo. Isso não somente é manifestação de orgulho – portanto, pecado –, como também torna nossa vida insuportável (viver e morrer pela aprovação dos outros); e geralmente fere mais aqueles que estão mais próximos de nós (que acabam recebendo apenas as sobras de nosso tempo e energia, depois que tentamos agradar a todo mundo). Muitas vezes as pessoas chamam isso de baixa autoestima, mas agradar os outros na verdade é uma forma de orgulho e narcisismo.

Palmadinhas nas costas. Esta é a forma mais óbvia de orgulho: viver para os louvores ou elogios. Semelhante a agradar os outros, exceto que é menos por medo e mais motivado pelo desejo de glória. "Se eu assumir mais este compromisso, serei o herói de todos no escritório". Não importa o que isso vai fazer com minha família, minha igreja, ou minha caminhada com o Senhor, desde que signifique mais glória para mim.

Performance. Temos a tendência de avaliar de modo exagerado a nós mesmos. Estudos consistentemente demonstram que quase todos os estudantes se avaliam como sendo acima da média. Quase todos os empregados se consideram do escalão superior. Quase todo pastor acha que é excelente pregador. Porque nos consideramos tão superiores, estimamos nossa importância acima da realidade. Presumimos: "Se eu não fizer isso, ninguém mais vai fazer. Depende de mim". Mas a verdade é que você só é indispensável até que diga não. Você é único. Os seus dons são importantes. As pessoas o amam, mas você não é insubstituível.

Depois de um descanso sabático em que estive fora durante o verão, voltei para ouvir comentários deslumbrantes sobre como tudo correu bem na igreja, sem que eu estivesse presente, e como foram maravilhosos os outros pastores que pregaram em meu lugar. Como pastor do rebanho, isso era obviamente o que eu queria ouvir! E como pecador que sou, obviamente isso levou um tempo para eu digerir! Uma parte de mim teria se sentido melhor se tivesse ouvido dizer que tudo ficou estagnado na minha ausência.

Posses. Trabalhamos para ganhar dinheiro, e ganhamos dinheiro para gastar. Continuamos nos ocupando porque queremos mais coisas. Não é errado desejar um sofá novo ou até mesmo uma casa nova. O problema é quando nos orgulhamos de nossas posses, ou, com mais sutileza, somos orgulhosos demais para confiar em Deus, independente do que aconteça com aquilo que possuímos. O que aproveita ao homem ganhar o mundo inteiro, se não tiver tempo para se preparar para o mundo vindouro?

Provar nossa capacidade. Deus não é contra o desejarmos algo. Existem muitos cristãos a quem falta iniciativa, coragem e diligência que o desejo de vencer inspira. Mas, desejarmos a nossa própria glória não pode ser confundido com o desejar a glória de Deus. Alguns dentre nós nunca descansamos, porque ainda estamos tentando provar alguma coisa a nossos pais, nossa ex-namorada, nosso treinador de quando jogávamos no time da escola.

Pena. Temos de encarar: as pessoas ficam com pena de nós quando estamos super ocupados. Se conseguirmos colocar nossas vidas em controle, não seremos tão impressionantes, e as pessoas não vão exclamar com pena por nós carregarmos tantos fardos. Muitos de nós nos orgulhamos por estar assoberbados, e gostamos da simpatia recebida por suportarmos tantas responsabilidades heroicas.

Planejamento mal feito. Olhando para trás, vejo muitas vezes em meu ministério, quando eu hesitava em entregar certas tarefas a outras pessoas. Eu tornava minha semana insuportável e minha família sofria por eu ser orgulhoso demais para pedir que outro pregasse em meu lugar; ou preocupado demais com as aparências para deixar outra pessoa liderar em meu lugar. Deixava o planejamento ser ditado pelo orgulho em vez de ser dirigido pelo que servisse melhor à minha alma, minha família, e minha igreja.

Poder. Preciso manter-me ocupado, porque tenho de estar no controle.

Perfeccionismo. Não posso dar trégua, porque não posso errar.

Posição. Faço demais, porque é isso que as pessoas que estão em minha posição têm de fazer.

Prestígio. "Se eu continuar me esforçando, finalmente serei alguém de valor. Vou ser importante. Finalmente, terei chegado ao topo". Besteira. Você nunca estará satisfeito. A única coisa pior que deixar de realizar qualquer desses sonhos é vê-los todos realizados. Você foi feito para algo mais. Ainda que pudesse ser conhecido no mundo inteiro, o que importa se você não tiver tempo para ser conhecido por Deus?

Postar. Se formos honestos, o orgulho está por trás de grande parte da revolução da mídia social. Muitas vezes tenho de me perguntar: "Por que estou escrevendo esse *blog*? por que estou *tuitando*? Será por meu nome e minha fama?" Não importa quantos seguidores tenhamos, muitos ou poucos; podemos virar o *Facebook* e o *Twitter* em postos avançados de nossa própria glória. Ou — e esta é mais a minha luta — podemos temer o que os outros vão pensar se não aparecermos durante horas, dias, ou semanas. Não queremos decepcionar centenas ou milhares de pessoas a quem nunca conhecemos, e assim, trabalhamos a noite inteira e estragamos a noite das poucas pessoas que dependem de nós todos os dias!

Eis a questão: entre todos os possíveis problemas que contribuem à nossa louca ocupação, é muito possível que um dos mais insidiosos seja nosso orgulho.

MAS O QUE DIZER DE ... ?

Neste ponto, a aplicação fácil é evitar o orgulho nos tornando grosseiros, esquisitos e preguiçosos. Tem gente que acha que se não derem a mínima pelas opiniões dos outros e mantiverem uma vida sem ambição, ou desejo de algo, terão vencido o orgulho. Mas, novamente, sabemos que a vida real nem sempre se harmoniza com nossa lógica arrumadinha. Domesticar nossa ocupação constante não é simplesmente dizer não para tudo e recusar agradar a alguma pessoa. As aplicações da vida real ficam complicadas quando paramos para pensar. Considere perguntas como estas:

- Se eu abrir mão de trinta minutos para correr atrás de algo que minha esposa pediu para eu fazer, isso seria agradar os outros ou ser um bom marido? E se eu fizer o mesmo para um amigo? E para um completo estranho?
- Se gosto de atender as expectativas das outras pessoas, isso me torna um serviçal — ou significa que sirvo com humildade?
- Devo considerar os favores que este amigo já fez para mim quando pensar em fazer o favor que ele pede de mim?
- Quando é certo sacrificar o meu conforto, ou o conforto daqueles a quem amo, para cumprir a palavra dada?
- Se o perfeccionismo estiver errado, então eu *não* devo me esforçar por excelência?
- Você está dizendo que não devemos nos preocupar com os padrões da comunidade nem com suas expectativas culturais?
- O curso de ação mais seguro, portanto, seria fazer simplesmente aquilo que eu quero sem considerar o que os outros pensam?

Como se deduz por estas perguntas, o orgulho nem sempre será fácil de detectar. Embora todos nós, em maior ou menor grau, possamos nos ocupar demais devido ao orgulho, não quer dizer que toda a nossa ocupação seja resultado direto do orgulho. Cada uma das palavras que selecionei com a letra "p", alistadas acima, pode ser transformada de vício a virtude com uma pequeníssima modificação. Tentar agradar as pessoas poderia significar amar o próximo como a si mesmo. Planejamento fraco ou mal feito poderia ser disposição de sacrificar-se por amor ao próximo. Considerar nossa performance pode ser visto como um senso de dever para com nosso chamado. E então, como saber se estamos atarantados e assoberbados pelas ocupações devido ao orgulho ou muito ocupados por razões mais nobres?

PARA QUEM É ISTO?

Não posso responder por todas as pessoas em todas as situações. Deus concede sabedoria e discernimento e bons amigos que nos ajudam a compreender nossos corações. Mas posso sim, sugerir uma pergunta diagnóstica que tem me ajudado pessoalmente. À medida que procuro discernir se estou querendo apenas agradar aos outros, engrandecer a mim mesmo pelo orgulho ou prestar serviço autêntico ao próximo, tento manter em mente esta pergunta: *Estou tentando fazer o bem ou fazer com que eu pareça bom?*

Concordo que isso não resolve todos os nossos problemas. Ainda podemos nos ocupar demais com as coisas ao amar as pessoas com autenticidade. E muitas vezes nos envolvemos com pessoas ou projetos por uma miríade de motivações que não conseguimos desembaraçar completamente. Minha pergunta diagnóstica sozinha não é uma grade de discernimento. Mas, é um começo.

Suponhamos que pedissem que você treinasse o time de futebol de sua filha, na escola. Você na verdade não quer fazer isso, e sabe que seu horário já está cheio, mas, com relutância, você concordou. Boa medida ou má? Isso depende. Pode ser que tenha concordado com esta tarefa indesejada porque deseja gastar mais tempo com a sua filha e influenciar a vida de suas coleguinhas. Mas também pode ser que você tenha concordado porque não queria decepcionar as pessoas e desagradar à pessoa que fez o pedido. Noutras palavras, deu a si mesmo mais uma coisa a fazer para parecer bem diante das outras pessoas. Pergunte a si mesmo: estou servindo a mim ou a elas? Sempre concordar em fazer as coisas pode ter aparência de ser a segunda opção, mas muitas vezes se trata totalmente da primeira.

Pense em como você ajuda as pessoas que sofrem. Todos nós temos gente carente em nossa vida, gente que nunca consegue obter o quanto eles querem e sempre exigem mais do nosso tempo. Eis o que geralmente acontece nessas situações. No começo, tentamos ajudar, talvez até com entusiasmo. Mas, à medida que as exigências crescem, nos vemos sem esperança de nos livrarmos desse relacionamento. Começamos a nos ressentir pela pessoa a quem tanto queríamos ajudar. Contudo, os pedidos de ajuda continuam chegando insistentemente. O que a pessoa super ocupada pode fazer? Poderíamos cortar imediatamente todo contato ou ignorar a pessoa e esquecê-la completamente. Mas isso serviria apenas a nossos próprios interesses. No lado inverso, poderíamos continuar atendendo ao mínimo pedido dessa pessoa. Mas isso provavelmente não seria bom, nem mesmo para o interesse dessa pessoa. Tudo isto pode nos fazer parecer bons e nobres, mas não confronta o padrão insalubre de dependência dessa pessoa. É mais que provável que esse amigo já tenha experimentado um desfile de pessoas em sua vida, as quais ficaram exaustas por suas exigências e fugiram dela. O que ela realmente necessita, o que você pode fazer de melhor para servi-la, seria uma conversa honesta sobre o que você pode e o que não pode fazer por ela. Tal abordagem é a mais difícil de todas, mas a que recupera mais corretamente o seu tempo ao mesmo tempo em que serve ao amigo.

Permita-me um exemplo final um pouco diferente. Lembre da pergunta de diagnóstico: Estou tentando fazer o bem ou fazer com que eu pareça bom? Imagine como essa questão poderia santificar a nossa abordagem da hospitalidade. Abrir nosso lar ao próximo é um dom maravilhoso e uma disciplina muito negligenciada na igreja. Mas facilmente nos esquecemos da razão da hospitalidade. Vamos dividir a palavra. Boa hospitalidade é tornar nosso lar em hospital. A ideia é que amigos e familiares e pessoas feridas e cansadas venham ao seu lar para sair de lá ajudados e renovados. No entanto, muitas vezes a hospitalidade é uma experiência de pisar igualmente nos nervos dos anfitriões e das visitas. Em vez de deixar nossos hóspedes à vontade, nós os colocamos pisando em ovos, quando dizemos o quanto nossa comida vai ser ruim, que bagunça nossa casa está e como nos envergonhamos do comportamento de nossos filhos. Ficamos agitados e ocupados demais de todos os jeitos errados porque estamos mais preocupados em *parecer bem* do que em *fazer o bem*. Assim, em vez de encorajar nossos visitantes, eles se sentem forçados a nos encorajar com contínuas repetições de que tudo está muito bem. Abrir nosso lar leva tempo, mas não precisa dominar nossa vida. A hospitalidade cristã tem muito mais a ver com bons relacionamentos do que com boa comida. Existe uma linha tênue entre cuidar e sobrecarregar. Em muitos casos, fazer menos estardalhaço serviria melhor.

Às vezes, é bom estar bastante ocupado. Não se pode amar e servir ao próximo sem dar de seu tempo. Portanto, trabalhe com afinco, trabalhe bastante, trabalhe com frequência. Lembre apenas que o assunto principal não é você. Alimente as pessoas, não o seu orgulho!

Capítulo Quatro
O TERROR DA OBRIGAÇÃO TOTAL

Diagnóstico #2: Você está tentando fazer o que Deus não espera de você

Já lhes falei sobre algumas das formas em que eu estive super ocupado enquanto cursava o seminário. Mas não falei de todas as coisas boas que eu queria e não tinha tempo de fazer. Meu tempo de seminário foi muito agradável, com bons amigos, bons livros, e mais *Mario Kart* do que jamais eu esperara. Foi uma ótima fase da vida. Mas também foi um tempo em que me sentia sobrecarregado. Não por todas as coisas boas que estava fazendo, mas por tudo de bom que eu *poderia* estar fazendo!

Meu tempo de colégio e de faculdade também foi de muitas oportunidades, mas no seminário todas as oportunidades eram "isto é o que o bom cristão tem de fazer". Eu me esforçava ao máximo, mas não conseguia ir a todas as reuniões na capela nem aproveitar as palestras de todos os pregadores especiais que apareciam. Não ia a todas as reuniões de louvor e adoração nem a todo simpósio teológico. Não pude aproveitar a vantagem de assistir a todos os eventos promovidos pela comissão de evangelismo e a única vez que fui — até a cidade de Salem para fazer evangelismo de rua no *Halloween* — eu me senti horrível, mais tarde, por não conseguir compartilhar a minha fé com nenhuma das bruxas bêbadas que encontrei.

Frequentei muitas reuniões de oração no seminário, mas nem metade das que alguns amigos conseguiam frequentar. Era apaixonado por missões na janela 10/40, mas não tão apaixonado quanto meus colegas que já tinham servido lá. Sabia da importância do ministério com jovens, mas não estava dando minha vida por adolescentes em alto risco como faziam alguns de meus colegas. Simplesmente não conseguia obter entusiasmo suficiente por todas as boas causas bem à minha frente. Não conseguia nem orar por todas essas boas causas. Parece que me faltavam condições espirituais para fazer tudo o que era necessário fazer pelos perdidos, pelas nações, e pela glória de Deus!

Fazer mais para Deus

Entendo que existem pessoas preguiçosas que precisam tornar-se radicais por Jesus. Entendo que existe muita gente sovina com seus recursos, ou que desperdiçam o tempo assistindo televisão. Sei que existem muitos cristãos em nossas igrejas que ficam sentados, nada fazendo, que precisam do desafio de não desperdiçar suas vidas. Sou profundamente grato a pregadores e escritores que nos desafiam a arriscar tudo e fazer a vida ter valor eterno. Conheço muitos cristãos sonolentos que precisam de um chamado para acordar.

Porém, conheço também muitos como eu que sentem facilmente a responsabilidade, que se sentem mal por não conseguir fazer mais do que fazem. Eu era o menino no ensino fundamental sempre pronto para responder a cada pergunta da professora. Eu me candidatava às coisas só porque elas estavam sendo oferecidas. Eu fiz uma classe extra na faculdade só por garantia. Nunca perdi uma aula na faculdade e teria me sentido mal se perdesse qualquer culto da capela. Fiz o exame de ACT (semelhante ao ENEM) somente para praticar um ano *antes* do simulado do ACT, que foi um ano antes de realmente fazer a dita prova. Por todas as razões — orgulho, diligência, personalidade — as oportunidades muitas vezes me pareciam obrigações.

Certamente não sou o único assim. Com certeza existem muitos cristãos terrivelmente ocupados, porque desejam sinceramente ser obedientes a Deus. Ouvimos sermões que nos deixam sentindo culpa por não orar mais. Lemos livros que nos convencem a fazer mais pela fome no mundo. Conversamos com amigos que nos inspiram a dar mais, ler mais, testemunhar mais. As necessidades nos parecem tão urgentes! São tão poucos os obreiros. Se nós não fizermos nada, quem vai fazer? Queremos nos envolver. Queremos fazer diferença. Queremos fazer o certo que é esperado de nós. Mas simplesmente parece não haver tempo para tudo.

Coisa número um e coisa número dois (e coisa três e coisa quatro...)

A Bíblia é um livro grande, e tem muita coisa nela. Sendo assim, a Bíblia fala muito sobre os pobres, sobre o casamento, sobre filhos, sobre evangelização, sobre missões, sobre justiça — fala muita coisa sobre muita coisa. Quase qualquer cristão pode defender que a "sua coisa" deva ser a coisa mais importante ou pelo menos uma das coisas mais importantes da vida. É fácil a pregadores e líderes ou mesmo velhos amigos crentes baterem na tecla do "mais, mais" — temos de orar mais, dar mais, ser mais hospitaleiros, compartilhar mais nossa fé, ler mais nossa Bíblia, ser voluntário com mais frequência. Talvez por eu ser do tipo A, ou dirigido pelo cérebro da esquerda, ou mais trabalhador, ou ESTJ[1], ou um bom pastor, ou pecador que mais quer agradar as pessoas, eu sinta esses imperativos de "mais", mais intensamente; por esta razão é que os mandamentos "não farás" são como uma brisa fresca: "Não matarás" — isso é difícil, se levarmos a sério o nível do coração (ver Mateus 5.21-26). Porém, não preciso colocar o sexto mandamento na minha lista de coisas que tenho de fazer. Não exige que eu comece uma ONG sem fins lucrativos ou gaste mais uma noite longe de minha família. Eu apenas (só isso!) preciso mortificar as obras da carne, morrer para mim mesmo e viver para Cristo.

Não matar alguém, não adulterar, não tomar o nome de Deus em vão não são mandamentos fáceis de cumprir. Mas

---

1 N.do E: Esta sigla identifica os tipos de personalidade conforme definição de C. G. Jung: extroversão, sensação, pensamento, julgamento.

não me arrasam. Fazer alguma coisa sobre a crise mundial e AIDS, ajudar os sem-teto, trazer água a um vilarejo pobre [do nordeste] — essas coisas me dominam. Junto com alguns conselhos que recebo sobre o ministério pastoral: certifique-se de fazer pelo menos algumas horas de aconselhamento por semana, certifique-se de estar trabalhando para desenvolver líderes toda semana, certifique-se de estar fazendo discipulado individual toda semana, certifique-se de estar evangelizando algumas horas a cada semana, certifique-se de reservar pelo menos meio dia de leitura a cada semana, certifique-se de gastar tempo toda semana no estudo de grego e de hebraico. Quem é suficiente para essas coisas todas?

E isso sem contar as crises humanitárias e o serviço comunitário. Sei que a Bíblia diz muita coisa a respeito das "viúvas e dos órfãos". Mas o que eu *faço*? Por onde eu começo? Onde encontro o tempo? Como é possível cumprir com todas essas obrigações? Tenho um emprego de tempo integral e cinco filhos. Procuro ser generoso com meu dinheiro, compartilhar minha fé, fazer culto doméstico mais do que não fazer o culto doméstico, levar minha esposa para um encontro gostoso pelo menos uma vez a cada duas semanas, tento responder às necessidades de minha igreja, e procuro orar pelos pobres e pelos perdidos. Será possível que Deus não esteja pedindo que eu faça algo sobre o tráfico sexual?

ACALMAR O HOMEM DOIDO QUE ESTÁ LÁ DENTRO

Antes que você pense que sou um doido varrido e grite: "Médico, cura-te a ti mesmo!" deixe que eu me apresse em acrescentar: eu compreendo o evangelho. Sei que toda essa conversa sobre o que eu deveria estar fazendo ou poderia estar fazendo não é salutar. Sei disso. E, na verdade, estou muito bem. Não estou prestes a uma avaria ou um colapso nervoso. Não me sinto pressionado a manter a terra girando em volta do próprio eixo. Na maioria dos dias eu não me culpo por todas as coisas que não consigo fazer.

Mas chegar ao ponto onde a consciência possa descansar é um processo lento. Acho que a maioria dos cristãos escuta esses chamados urgentes a fazer mais (ou pelo menos os sentem internamente) e aprendem a viver com um senso de culpa de baixo nível causado pelo não fazer o suficiente. Sabemos que sempre poderemos orar mais, dar mais, evangelizar mais, e assim nos acostumamos a viver em estado de leve decepção conosco. Mas não foi assim que o apóstolo Paulo viveu (1 Coríntios 4.4), e também não é como Deus quer que vivamos (Romanos 12.1–2).[2] Ou temos culpa de pecados — como avareza, egoísmo, idolatria — e precisamos nos arrepender, ser perdoados e mudar; ou, então, alguma outra coisa está acontecendo. Tem levado vários anos, muita reflexão e muita ocupação desnecessária para que eu entenda que, no que diz respeito a boas causas e boas obras, "faça mais ou desobedeça" não é a única coisa a dizer.

Eis alguns dos pensamentos que me ajudaram a sair de debaixo do terror da obrigação total.

---

2 Veja meu capítulo "O prazer de Deus e a possibilidade da piedade", em *A brecha em nossa santidade* (São José dos Campos, SP: Editora Fiel, 2013).

Eu não sou Cristo. O sermão de formatura para minha classe de graduação do seminário foi trazido por Gordon Hugenberger, da Igreja *Park Street* de Boston. Foi baseado nas palavras de João Batista: "Confesso livremente que não sou o Cristo". O ponto principal de Hugenberger para um grupo de pastores, que logo seriam ordenados, era simples: "Você faz parte da festa de casamento, mas você não é o noivo. Não é o Messias, nem tente ser. Junto com o Credo Apostólico, a Confissão de Fé Belga e a de Westminster, certifique-se de que você confesse a declaração de João Batista: Eu não sou o Cristo". Ainda hoje tenho uma cópia desse sermão e o escuto sempre que consigo um toca-fitas. Nosso senso messiânico de obrigação seria muito aliviado se confessássemos com maior regularidade aquilo que não somos!

Existe uma boa notícia. Também fui ajudado, quanto à minha ocupação desenfreada no seminário, pela leitura de um pequeno livro de Tim Dearborn, de nome *Beyond Duty: A Passion for Christ, a Heart for Mission* [Além do dever: paixão por Cristo, coração para missão].[3] Dearborn, diretor de fé e desenvolvimento da *World Vision* [Visão Mundial], defende que por muito tempo a igreja tem motivado as pessoas a missões pelas notícias de catástrofes naturais, complexos desastres humanitários, grupos de povos não alcançados e minorias oprimidas e exploradas. Temos recebido estatísticas e histórias sobre as condições tristes do mundo. As boas novas da morte e ressur-

---

3 Tim Dearborn, *Beyond Duty: A Passion for Christ, a Heart for Mission* (Federal Way, WA: World Vision, 1997).

reição de Cristo, diz Dearborn, têm se tornado em más notícias sobre todos os problemas do mundo e quanto temos de fazer a mais para endireitar as coisas. O que levamos para casa é: servir mais, dar mais, importar-se mais, fazer mais. Dearborn lembra-nos de que o evangelho é boa nova de grande alegria e que Deus é a única esperança para o mundo.

Importar-se não é o mesmo que fazer. Na conferência de missões de Lausanne, em 2010, John Piper declarou que "devemos nos importar com todo sofrimento, especialmente o sofrimento eterno". Ele escolheu com cuidado a palavra "importar". Não queria dizer que tenhamos de *fazer* algo quanto ao sofrimento, porque nós não podemos fazer alguma coisa sobre tudo. Mas podemos nos importar. Isto significa que, quando ouvimos falar de pobreza arrasadora ou legalização do aborto ou analfabetismo bíblico não somos indiferentes. Pensamos e sentimos que essas coisas não deveriam ser assim. Nem todos nós seremos impactados do mesmo modo por todas as questões, mas existem questões sobre as quais todos nós deveríamos nos sensibilizar, algumas coisas que devem pelo menos apertar nosso coração e nos levar a orar. Não dar a mínima quanto à escravatura sexual não é opcional para o cristão. Não fazer algo *diretamente* para combater especificamente este mal é uma opção.

Temos diferentes dons e diferentes chamados. Todo cristão tem de estar preparado para dar razão da esperança que tem (1 Pedro 3.15), mas nem todo mundo vai fazer evangelização nas ruas. Todo cristão deverá estar envolvido na Grande

Comissão, mas nem todos se mudarão para outra terra além-mar. Todo crente deve se opor ao aborto, mas nem todo mundo vai adotar uma criança ou ser voluntário em um centro de apoio aos que sofrem por gravidez de risco. Precisamos de cristãos que gastem suas vidas melhorando as escolas em bairros carentes e cristãos que sonham fazer com que grandes livros teológicos sejam traduzidos para a língua polonesa. Precisamos também de crentes que não façam as pessoas se sentirem culpadas (e que elas mesmas não se sintam culpadas) quando um de nós segue alguma paixão diferente daquela seguida por outros. Eu leio e escrevo bastante. Isso é o que faço bem. Mas não quer dizer que alguém deva sentir-se mal por não ler e escrever tanto quanto eu. Você tem os seus próprios dons e chamado. Temos de estar bem com o fato de outros cristãos realizarem certas coisas boas melhor e com maior frequência do que nós.

Lembre da igreja. O único trabalho que absolutamente tem de ser feito no mundo é a obra de Cristo. Por ser a obra de Cristo, ela será realizada por meio do corpo de Cristo. A igreja — reunida para adoração aos domingos e espalhada por meio de seus membros durante a semana — é capaz de fazer exponencialmente mais do que qualquer um de nós sozinho. Posso atender o chamado de Cristo de uma ou duas maneiras, mas faço parte de um organismo e de uma organização que poderá responder e servir de um milhão de maneiras.

Sempre poderei orar agora mesmo. A oração pode parecer o maior de todos os fardos. Sempre poderemos orar mais, e não é possível que consigamos orar por todas as necessidades do mundo. Ainda que sejamos extremamente organizados e disciplinados, não conseguiremos orar consistentemente por mais que um punhado de pessoas ou problemas. Mas isso não quer dizer que as nossas orações sejam limitadas aos itens que conseguimos anotar em cartõezinhos 3x5. Se a prima de sua tia está prestes a ser submetida a uma cirurgia cardíaca, ore imediatamente após ter sabido disso. Quando uma missionária compartilha suas necessidades, ore naquele momento por ela. Não deixe o momento passar. Faça uma oração curta. Confie em Deus pelos resultados e, em muitos casos, siga em frente!

Quando encarnado, Jesus não fez tudo. Jesus não supriu todas as necessidades. Deixou gente esperando na fila para ser curada. Deixou uma cidade para pregar em outra. Foi para um lugar afastado para orar. Ficou cansado. Jamais interagiu com a maioria das pessoas do planeta. Gastou trinta anos em treinamento e apenas três em ministério. Não tentou fazer tudo. Contudo, ele fez tudo que Deus Pai pediu.

TOME TEMPO PARA SER SANTO

Oro para que nada neste capítulo o encoraje a acolher a graça barata ou crendice fácil. Todos nós temos de carregar a cruz. Mas é uma cruz que mata nosso pecado, esmaga nossos ídolos, e nos ensina que é loucura confiar em nós mesmos. É uma cruz que diz: Tudo farei para *seguir* a Jesus; e não uma cruz que diga que eu tenha de fazer tudo *por* Jesus.

O Terror da Obrigação Total

Sem dúvida alguns cristãos têm de ser sacudidos para sair da letargia e começar a ocupar-se em prol do reino. Mas muitos cristãos já estão super ocupados. Posso tomar a expressão "remindo o tempo" (ver Efésios 5.16) como um chamado para gerenciar melhor meu tempo, quando na verdade é um chamado para ser santo mais do que desenvolver os sete hábitos das pessoas mais efetivas. Posso transformar todas as afirmativas "é" em uma "tem de". Posso ignorar o papel que a necessidade e a proximidade desempenham no estabelecimento das obrigações divinas.[4] Posso me esquecer que meu círculo de influência será inevitavelmente menor do que meu círculo de interesse.

Acima de tudo, é possível que eu perca de vista as boas novas de que o universo não é sustentado pelo *meu* poder (ver Hebreus 1.3). Isso é o trabalho de Cristo e ninguém mais poderá fazê-lo. Aleluia. Ele nem espera que eu tente!

---

4 Cf. Kevin DeYoung e Greg Gilbert, *Qual a Missão da Igreja - Entendendo a Justiça Social e a Grande Comissão* (São José dos Campos, SP: Editora Fiel, 2012), 183–186, 225. Ver também meu artigo "Stewardship, Obligation, and the Poor," at http:// www.9 marks .org/journal / obligation -stewardship -and -poor.

Capítulo Cinco
A MISSÃO DE JESUS E A NOSSA

Diagnóstico #3: Você não pode servir ao próximo sem estabelecer as suas prioridades

Durante anos esta passagem de Marcos tem me espantado:

> Tendo-se levantado alta madrugada, saiu, foi para um lugar deserto e ali orava. Procuravam-no diligentemente Simão e os que com ele estavam. Tendo-o encontrado, lhe disseram: Todos te buscam. Jesus, porém, lhes disse: Vamos a outros lugares, às povoações vizinhas, a fim de que eu pregue também ali, pois para isso é que eu vim. Então, foi por toda a Galileia, pregando nas sinagogas deles e expelindo os demônios.
>
> (Marcos 1.35–39)

Pensamos nesta passagem como um chamado à oração. E ela é. Mas é também uma declaração surpreendente de como o Filho do Homem se mantinha resolutamente em missão. Jesus me surpreende. A sua encarnação, sua ressurreição, sua ascensão, sua exaltação — estas coisas são verdadeiro desafio às descrições. Mas eu me maravilho também por coisas mais comuns em sua vida, como o fato de que ele jamais falou uma palavra impensada, jamais desperdiçou um dia, jamais se afastou do plano de seu Pai. Muitas vezes tenho me maravilhado com o fato de que Jesus esteve tão terrivelmente ocupado, mas apenas com as coisas que tinha de fazer.

Muitos de nós estamos tão familiarizados com os evangelhos que deixamos de ver o óbvio: Jesus era um homem extremamente atarefado. Uma das palavras prediletas de Marcos era "imediatamente". Por três anos, Jesus e seu grupo de discípulos estavam em um redemoinho de atividade. Um acontecimento segue imediatamente a outro. Em Marcos 1, Jesus começa seu ministério público ensinando na sinagoga, repreendendo um espírito imundo, cuidando da sogra de Simão, ficando acordado até tarde da noite, curando muitos enfermos com doenças variadas e expelindo muitos demônios (1.34). Em certo ponto, Jesus estava ocupado demais para comer, e sua família achava que estivesse ficando louco (3.20–21). Jesus tinha multidões correndo para ele o tempo todo. Tinha gente que o procurava, exigindo tempo e atenção. A impressão que temos dos Evangelhos é que quase todos os dias, durante três anos, ele estava pregando, curando, expelindo demônios. Não pense que Jesus era alguma espécie de mestre Zen, praticando ioga e ponderando o som de uma batida de palmas. Se Jesus estivesse vivo sobre a terra hoje, ele receberia mais *e-mails* que qualquer um de nós. Teria gente telefonando para seu celular o tempo todo. Teria um milhão de pedidos de entrevistas, apareceria na televisão e faria diversos arranjos de palestras em conferências. Jesus não flutuou acima da bulha, intocado pelas pressões da existência humana normal. Nosso Senhor não ficou ali sentado, ouvindo música de harpa o dia todo, enquanto os anjos lhe traziam bananas celestiais. Jesus foi tentado em todas as coisas como nós, mas sem pecar (Hebreus 4.15). Isso incluiu a tentação de ser pecaminosamente ocupado.

Mas ele não caiu. Ou seja, não pecou. Estava ocupado, mas jamais de forma frenética, ansiosa, irritável, orgulhosa, invejosa, e não foi distraído por coisas inferiores. Enquanto toda Cafarnaum aguardava seu toque de cura, ele saiu para um lugar ermo para orar. E quando os discípulos falaram-lhe para voltar ao trabalho, ele foi pregar em outra cidade. Jesus sabia a diferença entre o urgente e o importante. Entendia que todas as coisas boas que ele *podia* fazer não eram necessariamente as que ele *devia* fazer.

A MISSÃO DE JESUS E A NOSSA MISSÃO

É fácil assumir que Jesus tivesse menos pressões sobre seu tempo do que nós sofremos hoje. Talvez você pense: "Olha aí, tudo bem que Jesus podia se afastar de madrugada para orar, mas ele não tinha de preparar o café da manhã da criançada. Não tinha de chegar no trabalho antes das sete. Não tinha prazos para entrega, *e-mails* e reuniões de negócios e clientes para manter contentes". Isso tudo é verdade. Mas também, Jesus não tinha um escritório onde podia ir e fechar a porta. Não tinha folga para almoçar sozinho. Jesus não tinha casa ou apartamento nem mesmo um quarto para chamar de seu. Tinha sempre discípulos que o seguiam. Tinha multidões gritando, pedindo seu tempo e atenção, que foi conhecido como alguém que pulou para dentro de barcos, somente para dar uma fugidinha.

Não pense que Jesus não pode ser solidário com a sua correria ocupada, nos dias de hoje. Você tem contas a pagar? Jesus tinha leprosos para curar. Você tem uma criançada gritando por você? Demônios chamavam Jesus por nome. Você tem estresse em sua vida? Jesus ensinava grandes multidões por toda a Judeia e Galileia, ao lado de gente tentando tocá-lo, trapaceá-lo, matá-lo. Ele teve toda razão para sobressair-se em uma centena de expectativas e milhares de grandes oportunidades.

No entanto, permaneceu em uma missão. Jesus conhecia suas prioridades e se manteve nelas. Não é surpreendente? Pense nisso: Jesus não estava apenas rejeitando uma oportunidade de jogar na liga de futebol da comunidade. Ele disse não a pessoas doentes — com males que ele poderia ter curado instantaneamente. Os discípulos não entendiam por que ele não atendia as necessidades urgentes bem na sua frente.

A Missão de Jesus e a Nossa

É possível perceber um tom de reprovação nas suas vozes: "Todos te buscam" (Marcos 1.37). Noutras palavras: "O que você está fazendo? Tem um trabalho a fazer. Você é um sucesso bárbaro. As pessoas fazem fila esperando que você as ajude. Vamos lá! A multidão está ficando inquieta. Todo mundo está esperando por você". E Jesus responde: "Vamos para outro lugar". Isso é impressionante.

Jesus entendia a sua missão. Não era dirigido pelas necessidades dos outros, ainda que muitas vezes ele parasse para ajudar as pessoas que estavam sofrendo. Não era impulsionado pela aprovação dos outros, ainda que se importasse muito com os perdidos e quebrantados. Enfim, Jesus era dirigido pelo Espírito. Era impulsionado pela missão que Deus lhe deu. Conhecia as suas prioridades e não permitia que as muitas tentações de uma vida ocupadíssima o desviassem de sua tarefa. Para Jesus, isso significava a pregação itinerante com tempo dedicado à oração, a caminho da cruz.

Quais são as suas prioridades? Qual é a sua missão? Mais que dez anos atrás, eu rabisquei em papel almaço amarelo três prioridades para a minha vida:

1. Pregar a Palavra de Deus com fidelidade
2. Amar e liderar a minha família.
3. Ser feliz e santo em Jesus Cristo.

É óbvio que só escrever essa pequena lista não resolve meu problema com a ocupação adoidada, mas ter um senso de direção na vida tem me ajudado a recalibrar minha agenda sempre que noto tal necessidade. Não é terrivelmente importante deixar por escrito uma lista de prioridades com algumas declarações de efeito. Algumas de nossas prioridades podem mudar com o tempo. Não estou dando a você mais uma coisa a ser feita. Mas o que é importante é pensar naquilo que realmente *deve* ser importante, em comparação com aquilo que na verdade *está sendo* importante.

Para muitos de nós, nossa missão *de fato* é:

1. Cuidar da casa.
2. Cumprir o próximo prazo.
3. Manter as pessoas em minha vida relativamente felizes.

Jamais diríamos que essas são as nossas prioridades, mas quando temos de tomar decisões e gerenciar nosso tempo, estes se tornam nossos princípios operadores. Sem pensar duas vezes sobre o propósito e a execução de alguma coisa, empurramos de lado as prioridades, às quais dizemos serem realmente prioritárias; coisas importantes como Deus, igreja, família e amigos. Se Jesus teve de ser criterioso com as suas prioridades, nós também devemos ser. Temos de nos esforçar para descansar. Temos de ser disciplinados. O permanecermos em nossa missão tem de se tornar a nossa missão.

E isso quer dizer que temos de enfrentar três verdades irredutíveis.

Verdade #1: Tenho de estabelecer prioridades, porque

não consigo fazer tudo.
    A pessoa que nunca estabelece prioridades é aquela que não acredita em sua própria finitude. Nós não esperamos conseguir comprar tudo que queremos, pois sabemos que existe um limite ao nosso dinheiro. Mas, de alguma maneira, vivemos como se o tempo não tivesse limites, quando na verdade nosso tempo é muito mais limitado do que nosso dinheiro. As riquezas podem ser criadas, mas ninguém tem a capacidade de *fazer crescer* mais tempo. Conforme Peter Drucker observa:

> O suprimento do tempo é totalmente inelástico. Por maior que seja a demanda, o suprimento não aumenta. Não tem preço nem margem de curva de utilidade. Além do mais, o tempo é totalmente perecível e não pode ser armazenado. O tempo de ontem foi embora para sempre e jamais voltará. O tempo está, portanto, sempre com suprimento excessivamente curto.[1]

    O tempo poderá ser nosso recurso mais raro e precioso. E nós começamos a utilizá-lo bem somente quando reconhecemos que não existe um estoque infinito a ser usado.
    Um dos mais comentados ensaios nos últimos anos foi: "Por que as mulheres ainda não conseguem ter todas as coisas", por Anne-Marie Slaughter.[2] A Sra. Slaughter trabalhava para Hillary Clinton, no Departamento do Estado, como a

---

1 Peter Drucker, *The Effective Executive: The Definitive Guide to Getting the Right Things Done* (New York: Harper Business, 2006), 26.
2 Anne-Marie Slaughter, "Why Women Still Can't Have It All," *The Atlantic*, Julho/Agosto 2012.

primeira mulher a dirigir o planejamento político. E percebeu que não conseguiria ser ambas: a profissional e a mãe como queria ser. Sabia que tinha de fazer uma escolha, e era uma escolha que as mulheres parecem mais propensas a tomar do que os homens.

> Aqui estou pisando em terreno perigoso, minado por estereótipos. Por anos de conversas e observações, contudo, acabei crendo que os homens e as mulheres respondem de maneira bem diferente quando os problemas em casa forçam a reconhecer que sua ausência está prejudicando um filho, ou, pelo menos, que a sua presença ajudaria. Não acredito que os pais amem menos seus filhos do que as mães, mas os homens parecem mais propensos a escolher o emprego ao preço da família, enquanto as mulheres são mais propensas a escolher a família pagando o preço de seus empregos.

Os sentimentos de Slaughter fazem eco com os de Mary Matalin, que deixou sua posição na administração de Bush: "Finalmente, eu me perguntei: 'Quem precisa mais de mim?' e foi quando percebi que era a vez de outra pessoa fazer este trabalho. Para meus filhos, eu sou indispensável; mas não chego nem perto de ser indispensável à Casa Branca".[3] Essas duas mulheres de alto poder, vindas de lados diferentes da ala política, concluíram que por mais que se tente planejar o futuro ou que o seu marido

---
3 Citado em ibid.

dê suporte, você ainda não pode ter todas as coisas.[4] No mundo real de tempo finito, muitas vezes teremos de discernir entre o bom e o melhor, dentre aquilo que realmente é o melhor.

Queremos pensar que somos especiais, que conseguimos fazer duas tarefas (ou três ou quatro) ao mesmo tempo melhor do que as pessoas normais. Mas é bastante provável que não consigamos. Em seu livro *The Myth of Multitasking [O mito de fazer tarefas múltiplas simultaneamente]*, Dave Crenshaw argumenta que o cérebro, na verdade, não consegue pôr esforço em dois processos mentais ao mesmo tempo.[5] Podemos fazer duas coisas ao mesmo tempo quando uma delas não requer esforço mental. Podemos caminhar e conversar ao mesmo tempo. Podemos comer batatinha frita e assistir TV ao mesmo tempo. Mas não podemos escrever um *e-mail* e conversar ao telefone ao mesmo tempo, ou terminar um relatório e conversar com seu filho na mesma hora. Podemos até pensar que estamos realizando múltiplas tarefas, mas na verdade estamos "ligando-desligando tarefas". Isso é verdade também quanto aos computadores. Eles dão a aparência de fazer muitas coisas ao mesmo tempo, quando na realidade vão e voltam entre vários programas em rápida velocidade.

---

4 Slaughter argumenta que não é possível uma mulher ter e ser tudo o que quer, mesmo que planeje ter algumas coisas (como sua carreira profissional) agora e outras mais tarde (como a família). Simplesmente não há anos suficientes para a maioria das mulheres ser excelente mãe e, ao mesmo tempo, subir até o topo da escada de sua profissão (ou vice versa). Em cima disso, admite Slaughter: "Eu vivi esse pesadelo por três anos, que começou aos meus 35 anos de idade. Fiz tudo que era possível para conceber e estava desesperada com a ideia de que eu tinha simplesmente perdido a possibilidade de ter um filho biológico, pensando ser tarde demais".

5 Dave Crenshaw, *The Myth of Multitasking: How "Doing It All" Gets Nothing Done* (San Francisco: Jossey-Bass, 2008), 29–33.

Se os computadores não conseguem fazer duas coisas ao mesmo tempo, com certeza nós não podemos.

Estabelecer prioridades pode ser difícil. Manter-se nelas pode parecer impossível. Mas Jesus entende o desafio. Ele viveu sob as exigências implacáveis e as pressões incríveis. Ele também sabia que se quisesse realizar os propósitos de Deus para ele, teria de abrir mão de dez mil bons propósitos que outras pessoas tinham para a sua vida. O Filho de Deus não poderia atender todas as necessidades a seu redor. Ele tinha de se afastar para orar. Tinha de comer. Tinha de dormir. Tinha de dizer não. Se Jesus teve de viver com as limitações humanas, nós seremos bem tolos se pensarmos que não precisamos. As pessoas deste planeta que acabam fazendo nada são as que jamais perceberam que não poderiam fazer tudo.

Verdade #2: Tenho de estabelecer prioridades, se eu quiser servir ao próximo mais efetivamente.

Certa vez ouvi um conferencista contar a história de "Jane", que o procurou para aconselhamento. Jane chegou para sua primeira sessão de aconselhamento quarenta e cinco minutos atrasada e muito agitada. Depois de prometer fazer melhor, chegou com o mesmo atraso para a sessão seguinte. E para a terceira. E assim por diante. Não era intenção de Jane atrasar-se, assim como não era sua intenção que a vida inteira parecesse um enorme fracasso indisciplinado. Ela tinha toda intenção de chegar na hora e até mesmo planejava cuidadosamente para tanto. Mas sempre surgia alguma coisa. Ela parava para orar por alguém ou "dava um pulinho ali" para atender alguma incumbência ou dizia sim a um novo pedido. Jane vivia uma vida isenta de prioridades. Aquilo que estava diante dela, naquele instante tornava-se sua prioridade número um. O pregador a descreveu como uma mulher maravilha a quem ninguém contrataria!

Não devemos ser demasiadamente severos com Jane. De alguma forma ela é exatamente como o cristão deve ser. Está disposta a fazer qualquer coisa, para qualquer pessoa, a qualquer hora. Talvez em outro país, Jane seria a mulher mais popular de seu vilarejo. Mas, não obstante a cultura, existe algo em Jane que não está muito certo nas suas tomadas de decisões. Sua fraqueza está em que, ao tentar suprir as necessidades diretamente à sua frente, ela é incapaz de cumprir os seus compromissos já feitos. Pode ser compreensível a primeira vez que ela deixa a sua família esperando por uma hora, enquanto ela conversa com uma velha amiga. Mas se isso acontece vez após vez, teremos de perguntar como é que ela serve aos que mais precisam dela.

Demorou um pouco para eu entender isso, mas hoje entendo. E creio nisso de todo coração. Não posso servir ao próximo com efetividade sem estabelecer prioridades. Se eu responder a cada *e-mail*, aparecer em toda reunião possível, e tomar cafezinho com toda pessoa que me pede "só uns minutinhos", não terei tempo para adequadamente preparar o meu sermão. Posso ajudar diversas pessoas durante a semana, mas não estarei ajudando com fidelidade a muito mais pessoas que compareçam no domingo. Se eu estiver presente em toda atividade possível da igreja, não poderei assistir ao jogo de basquete de meu filho. Ser mordomo de meu tempo não trata de egoisticamente ir atrás apenas das coisas que gosto de fazer. A questão é servir ao próximo eficazmente das formas em que sou mais capaz de servir e da maneira em que fui chamado mais singularmente para servir.

Isso quer dizer que, além de estabelecer prioridades, tenho de estabelecer as minhas *posterioridades*. Essa é a palavra de Drucker para as coisas que devem ser feitas no fim (posterior) da nossa lista de afazeres. São as coisas que resolvemos *não* fazer por amor de fazer as coisas que devemos fazer. Não basta estabelecer alvos. Temos de ter metas quanto à quais tarefas e problemas não estaremos atendendo de maneira nenhuma.[6] Há vários anos, meus presbíteros fizeram uma norma que eu não deveria mais fazer aconselhamento pré-nupcial. Eles não temiam por meu próprio casamento. Eles não estavam tentando "me proteger" de interagir com as pessoas. Eu ainda hoje estou bastante envolvido em um ministério pastoral todos os dias. Eles haviam concluído, com base no meu ensino, que esse não seria o melhor uso de meu tempo. A fim de ter tempo para as minhas prioridades, eles tornaram essa atividade uma posterioridade para mim!

Uma razão pela qual nunca domesticamos a besta da ocupação desenfreada é que não estamos dispostos a eliminar nada. Remanejamos o horário e apertamos os breques, mas

---

6 Drucker, *Effective Executive*, 110–111.

nada melhora porque não fizemos a poda. Nós não estabelecemos aquilo que não faremos mais. Estabelecer prioridades é uma expressão de amor ao próximo e a Deus. Tempo "não dominado" tende a fluir em direção à nossa fraqueza, sendo engolido por gente dominadora e entregando-nos às exigências das emergências.[7] Sendo assim, a não ser que Deus queira que sirvamos apenas às pessoas mais barulhentas, intimidantes e carentes, temos de planejar com antecedência e de maneira sábia, para que possamos servir mais efetivamente.

Observe aqui que a palavra é *efetiva*, e não *eficiente*. Cuidar de pessoas muitas vezes é algo loucamente ineficiente. As pessoas são confusas, e se quisermos ajudá-las estaremos caminhando por águas barrentas que consomem muito tempo. Deus não espera que todos os seus servos sejam do tipo A, detalhistas e perfeccionistas, gurus de planilhas Excel. Eficiência não é exatamente o alvo. Mas se Jesus for exemplo, Deus espera que digamos não a muitas coisas boas, para que possamos ser livres para dizer sim para mais importantes obras que ele tem para nós.

Verdade #3: Tenho de permitir que os outros estabeleçam suas próprias prioridades.

Ano passado, quando almoçava com outros pregadores em uma conferência, tive o privilégio de sentar ao lado de um dos meus músicos cristãos preferidos. Eu era seu fã há muitos anos

---

[7] Estes três itens vem de Gordon MacDonald, *Ordering Your Private World* (Nashville: Oliver Nelson, 1985), 74–79. MacDonald também inclui um quarto item: tempo não dominado é investido em coisas que obtém aclamação pública.

e me animei quando finalmente fiquei conhecendo o homem, que provou ser tão bondoso e atencioso quanto eu imaginara. No decurso da conversa, fiquei sabendo que este homem tinha alguns familiares em East Lansing. Assim, naturalmente, fui rápido para sugerir que nos encontrássemos alguma hora, quando ele estivesse na minha cidade. Ele parecia acessível à ideia. Então, pressionei um pouco mais, perguntando se ele queria dirigir o louvor para nós algum domingo, quando passasse pela região. Rápida e graciosamente ele recusou, explicando que tinha de estar em sua própria igreja nos finais de semana e não poderia dirigir o louvor em outras igrejas.

Não me ofendi com sua resposta. Na verdade, eu o respeitei por informar-me que isso não poderia ser. A minha tendência é me acomodar demais aos pedidos de outros, quando recebo um convite desses. Geralmente eu exagero em me comprometer e vou levando as pessoas adiante, em vez de dizer imediatamente quais são as minhas prioridades (provavelmente porque gosto de receber palmadinhas de aprovação nas costas e prestígio e tantas outras "vantagens" mencionadas no capítulo três). Eu estava grato porque esse musicista famoso conhecia as suas prioridades e não ia modificá-las por capricho, somente porque um novo conhecido pediu.

Como a maioria dos outros problemas da vida cristã, o combate à ocupação exagerada é um projeto para a comunidade. Não basta que nós mesmos estabeleçamos as prioridades, se não respeitarmos o fato de que outros também terão de fazê-lo. Aqui podemos ajudar-nos mútua e imensamente. Não espere que o convite para almoçar sempre dê certo. Não se irrite quando o seu *e-mail* perguntando "o que você acha?" não recebe resposta. Não se ofenda, se a sua necessidade não chegar ao começo da lista de coisas a serem feitas. Entenda que as pessoas muitas vezes dizem "estou ocupado" porque dizer "Tenho na vida muitas prioridades e no momento você não é uma delas" doeria demais. Não pense que é grosseria, se algumas pessoas têm menos tempo disponível para você do que você tem para elas. E não conceda com relutância às pessoas o tempo que você está lutando tão desesperadamente para obter.

A não ser que sejamos Deus, nenhum de nós merece ser prioridade de todo mundo o tempo todo.

Capítulo Seis
UMA CRUEL PUERIGARQUIA

Diagnóstico #4: Você precisa parar de enlouquecer por causa de seus filhos

Quase não existe maneira dos pais removerem completamente a doida ocupação de suas vidas. Ter filhos não nos dá esse luxo. Mas com um pouco de esforço — e muitos raios e trovões pela casa — a maioria de nós consegue estar um pouco menos ocupado e menos doido.

Vivemos em um estranho mundo novo. As crianças estão mais seguras do que em qualquer outra época, mas a ansiedade dos pais subiu às alturas. Crianças têm mais opções e mais oportunidades, mas os pais têm preocupações e perturbações maiores. Temos colocado quantias antes inusitadas de energia, tempo e foco sobre nossos filhos. Contudo, assumimos que os fracassos deles com certeza serão por nossas falhas, por não fazermos o bastante. Vivemos em uma era quando a felicidade e o sucesso futuro de nossos filhos estão acima de todas as outras preocupações. Nenhum trabalho exige demais, nenhuma despesa é alta demais e nenhum sacrifício é grande demais se for para os nossos filhos. Uma pequena vida está na balança, e tudo depende de nós.

Poderíamos chamar essa tendência de ser mãe ou pai obcecado pelos filhos uma expressão de amor e dedicação radical. Pode bem ser isso. Mas também poderíamos chamar de *puerigarquia*: domínio infantil. "Sob *puerigarquia*", observa Joseph Epstein, "todos os arranjos são feitos centrados nos filhos: sua escola, suas lições, suas preferências, o cuidado e a alimentação deles e sua alta manutenção — filhos é o nome do jogo".[1] Os pais se tornaram pouco mais que servos contratados para atender aos filhos, como se esses fossem descendentes diretos do Rei Sol. "Cada criança é um delfim", é como Epstein os descreve.

Tornar-se severo e exigente disciplinador não é o antídoto à *puerigarquia*. Epstein não está insistindo que os pais sejam mais rígidos, apenas menos dominados. Vale lembrar que há não muito tempo, a família nuclear era bem menos centrada na criança. Epstein, agora na casa dos sessenta anos, recorda que nunca foi uma criança infeliz. No entanto, sua experiência quando menino seria hoje considerada quase como crime:

> Minha mãe nunca lia para mim e meu pai não me levou a nenhum jogo, embora às vezes fôssemos à luta livre de Luvas Douradas. Quando comecei minha mo-

---

[1] Joseph Epstein, "The Kindergarchy: Every Child a Dauphin" *The Weekly Standard* 13/37 (June 9, 2008).

desta carreira atlética, meus pais não assistiram nenhum de meus jogos e eu teria ficado envergonhado se eles tivessem ido. Meus pais nunca ficaram conhecendo nenhuma de minhas namoradas no segundo grau. Não existem fotografias ou vídeos documentando meu progresso acidentado no começo de minha vida. Meu pai nunca explicou sobre as aves e as abelhas, e todo seu conselho sobre sexo, conforme me lembro claramente, foi: "Você tem de tomar cuidado".[2]

Está certo, Epstein não é cristão e não foi criado em lar cristão. Não estou apresentando a infância dele como modelo para todos nós. A sua experiência não é tão importante quanto é o fato de que essa experiência não era nada incomum. O que importa para nós é o reconhecimento — que qualquer um de nós pode confirmar — de que a família de hoje é estruturada em volta da vida da criança como nunca antes. Nem sempre o homem viveu sob uma *puerigarquia*.

O MITO DOS PAIS PERFEITOS

Ser pai ou mãe é mais complicado hoje do que deveria ser. Antigamente, no que consigo observar, os pais cristãos basicamente tentavam alimentar os filhos, vesti-los, ensinar-lhes sobre Jesus, e mantê-los longe de explosivos. Hoje nossos filhos têm de dormir de costas, (não, espere aí, de barriga; não, deixa prá lá, de costas) escutando *Baby Mozart* e cercados de

---

2 Ibid

cenas de *Starry, Starry Night* (Noite toda Estrelada). Têm de ter aulas de piano antes dos cinco anos e não podem sair da cadeirinha especial no carro até ter quase um metro e setenta de altura!

É tudo complicado. Existem tantas regras e expectativas. Ser pai ou mãe pode ser o último reduto do legalismo. Não apenas na igreja como também em nossa cultura. Vivemos em uma sociedade permissiva que nada é pecado se você for adulto, mas que conta as calorias no lanche da escola de seu filho. Fico ouvindo que a meninada não deve mais comer açúcar. Que mundo é esse! Meus pais eram sólidos como a rocha, mas tínhamos uma despensa cheia de cereais como *Capitão Crunch* e *Conde Chocula*. Na nossa casa, os cereais eram com sabor artificial de frutas e os brindes dentro deles eram atrativos. A tigela do café da manhã era lugar para *marshmallow*, e não barras e frutas secas para acampamentos de trilha. Nosso leite era integral. Às vezes, se precisávamos amenizar as dificuldades da manhã, tentávamos a sorte e tomávamos uma vitamina D.

Como pais babás vivendo numa condição de babá, pensamos em nossos filhos como sendo surpreendentemente frágeis e totalmente moldáveis. Ambas as presunções são errôneas. Estragar os filhos é mais difícil do que imaginamos, e mais difícil ainda determinar o sucesso deles como gostaríamos. Pais cristãos em especial, muitas vezes, operam sob um determinismo implícito. Temos medo que alguns movimentos errados estragarão nossos filhos para sempre, e ao mesmo tempo presumimos que a combinação certa de proteção e instrução invariavelmente produzirá filhos piedosos. Leslie Leyland Fields está certa: "Um dos mitos mais resistentes e apreciados sobre pais é que a mãe e o pai criam a criança".[3]

UM DETERMINISMO DEBILITANTE

Selfish Reasons to Have More Kids [Razões egoístas para se ter mais filhos] é o nome instigante de um livro de Bryan Caplan, professor de economia da Universidade de George Mason. A sua tese é a seguinte: os pais tornam seu trabalho muito mais difícil do que é por superestimar o quanto o bem-estar futuro de seus filhos depende deles. Ele cita numerosos estudos de gêmeos e adoção que concluem que com quase toda característica desejável que os pais querem transmitir aos filhos — desde saúde até felicidade, inteligência, sucesso ou bondade em geral — a natureza é mais influente do que a educação. Durante décadas, pesquisadores em múltiplos estudos têm seguido as vidas de gêmeos biológicos criados em famílias diferentes. Embora a forma de criação possa fazer grande diferença a curto prazo, os estudiosos concordam que a longo prazo os gêmeos adultos demonstram personalidade e comportamentos sociológicos devidos mais à hereditariedade do que ao ambiente.

Caplan enfatiza — e isso é extremamente importante — que tais estudos enfocam famílias de classe média em países do Primeiro Mundo. As famílias que são aprovadas para ado-

---

[3] Leslie Leyland Fields, "The Myth of the Perfect Parent: Why the Best Parenting Techniques don't Produce Christian Children," *Christianity Today*, January 2010.

tar precisam ser saudáveis, amáveis e estáveis. Caplan não está sugerindo que os pais não fazem qualquer diferença. De fato, ele defende a adoção internacional como uma maneira de fazer enorme diferença na vida de uma criança. Seu argumento, porém, é que dentro da estrutura de uma família "normal" no mundo desenvolvido, diferentes abordagens à criação de filhos têm pouco a ver com o que determina a espécie de adulto em que a criança se tornará.

É interessante que Caplan mencione três características mais suscetíveis à influência dos pais. As primeiras duas são política e religião. Para sermos justos, Caplan é rápido em afirmar que tais variações são superficiais, e que, no final, a criação não tem tanta importância para uma orientação política e religiosa *mais profunda* de uma pessoa.[4] Mas mesmo se um compromisso de coração nessas áreas pudesse ser medido — e não tenho certeza de que possa — estas duas variáveis ainda são significativas. Os diferentes ambientes familiares não exerceram muito efeito sobre as notas, saúde ou o sucesso dos gêmeos, mas tiveram grande efeito sobre suas afiliações religiosas e políticas.[5]

A outra característica influenciada de modo especial pela criação é o senso de apreço. Os estudos de gêmeos e adoção demonstram que "os pais têm efeito notável sobre *como* as crianças experimentam e relembram sua infância".[6] Como

---

4 Bryan D. Caplan, *Selfish Reasons to Have More Kids* (New York: Basic Books, 2011), 165.
5 Ibid., 62–65.
6 Ibid., 88.

criamos os filhos tem menos importância do que pensamos em relação ao tipo de pessoa que eles se tornarão dentro de vinte anos, mas ainda tem muita influência em determinar como serão suas experiências infantis, e sobre o modo como eles lembrarão destas experiências, daqui a vinte anos. Talvez não consigamos moldar a identidade futura de nosso filho tanto quanto queríamos, mas podemos formar profundamente sua experiência de infância.

Por esta razão, uma das melhores coisas que podemos fazer por eles é encontrar um jeito de não sermos tão aflitos e irritados. Na pesquisa denominada "Pergunte aos filhos", Ellen Galinsky entrevistou mais de mil crianças da terceira série fundamental até o terceiro colegial, e perguntou aos pais como eles achavam que seus filhos teriam respondido. Uma pergunta importante era: "O que você mudaria quanto ao jeito que o trabalho de seus pais o afeta?" O resultado foi impressionante. Era raro que os filhos desejassem mais tempo com seus pais, mas, para surpresa dos pais, eles desejavam que seus pais estivessem menos cansados e estressados.

Semelhantemente, Galinsky pediu que os filhos dessem nota a seus pais em uma dúzia de áreas diferentes. Em geral, os pais se saíram bem, e tanto mães quanto pais receberam nota por volta de B. Na maioria, os pais receberam nota A no que dizia respeito a fazer os filhos sentirem que eram valorosos e sendo capazes de assumir eventos importantes de suas vidas. A maior fraqueza, de acordo com as crianças, era na questão de gerenciar a ira. Mais de quarenta por cento dos filhos deu às mães e aos pais notas C, D e F quanto ao controle do temperamento. Foi a mais baixa nota do boletim dos filhos quanto a seus pais. Nossos filhos, argumenta Caplan, estão sofrendo do "estresse de segunda mão".[7] Ao tentar fazer tantas coisas por eles, na verdade estamos tornando nossos filhos menos felizes. Seria melhor que planejássemos menos passeios, nos envolvêssemos em menos atividades, tirássemos pequenas folgas sem os filhos, fizéssemos o possível para obter mais ajuda nos afazeres domésticos, e fizéssemos a saúde mental dos pais uma prioridade mais alta.

Meu ponto ao destrinchar o livro de Caplan não é tornar-nos deterministas biológicos. Nossos genes nunca explicarão plenamente as variações no comportamento humano. Como cristãos, sabemos que Deus nos criou à sua imagem, como agentes morais responsáveis. DNA não determina nosso destino eterno. Mas também os cuidados paternais não determinam nosso destino eterno. É este o ponto. Caplan escreve: "Você pode ter uma vida melhor e uma família maior, se admitir que o futuro de seus filhos não está em suas mãos".[8]

Temos de rejeitar nosso bem-intencionado mas mal dirigido determinismo espiritual. O fato é que, no final, não depende tudo de nós. A Bíblia está cheia de exemplos de gigantes espirituais que produziram filhos ignóbeis e parentes nobres gerados por progenitores poluídos. Conquanto a sabedoria proverbial da Escritura (Provérbios 22.6) e as promessas

---

7 Ibid., 32–33.
8 Ibid., 76.

da aliança (Gênesis 17.7) digam que bons pais cristãos e bons filhos cristãos normalmente andam juntos, temos de entender que Deus é soberano (Romanos 9.6–18), a salvação é um dom (Efésios 2.8–9), e o vento do Espírito sopra onde quer (João 3.8). Conforme diz Fields, no seu artigo em *Christianity Today*:

> Pais de filhos descrentes, amigos com os filhos na cadeia, as descobertas de geneticistas e os heróis da fé de Hebreus 11 são todos lembranças poderosas desta verdade: Seremos pais imperfeitos, os nossos filhos farão as suas próprias escolhas, e Deus agirá de maneira misteriosa e maravilhosa usando tudo para promover o seu reino.[9]

ACERTANDO ALGUMAS COISAS

Às vezes, olho para trás lembrando minha infância, e medito sobre o fato de meus três irmãos e eu, agora, estarmos caminhando firmemente com o Senhor. Indago: "O que fez meus pais serem tão especiais?" Assisti reprises demais de comédias de TV e joguei muito *Tecmo Super Bowl*. Nunca aprendi a gostar de granola ou comer verduras. Nem sempre mastigo de boca fechada. Não me lembro de ter "aquela conversa" com meu pai (a não ser que eu tenha reprimido essa lembrança). Mas sempre soube que meus pais me amavam. Tenho certeza de que eu não sorria com tudo que eles faziam, mas sempre quis agradá-los.

---

9 Fields, "Myth of the Perfect Parent". [Mito de pais perfeitos]

Eles nos obrigavam a ir à igreja toda quarta-feira e duas vezes aos domingos. Eles nos obrigavam a fazer o dever de casa. Deixavam firmadas as regras óbvias — do tipo que evita que a criançada mate uns aos outros. Não toleravam linguagem de baixo calão, e eu também não os escutava falando qualquer dessas coisas. Mamãe cuidava da gente quando estávamos doentes. Papai nos dizia que nos amava. Jamais encontrei pornografia pela casa. Meu pai lia a Bíblia à mesa de jantar com mais frequência do que não lia. Entrávamos em uma fria quando desobedecíamos às regras. E tudo ficava bem quando dizíamos estar arrependidos. Não me recordo de muitas poderosas conversas de coração para coração. Mas sabíamos quem nós éramos, onde estávamos, e o que esperar. Eu muito me alegrarei se puder dar o mesmo para meus filhos.

Eu me preocupo porque tantos pais jovens têm tanta certeza de que toda decisão que tomam colocará seus filhos em uma trajetória inalterável para o céu ou para o inferno. É como minha secretária na igreja certa vez me falou: "A maioria das mães e dos pais acha que são os melhores ou os piores pais do mundo, e ambos estão errados". Será que é porque tornamos complicado demais ser pais e mães? Não seria mais importante o que somos como pais do que aquilo que fazemos? Eles lembrarão nosso caráter antes de lembrar nossas regras exatas sobre assistir televisão ou comer doces em exagero (que os bolinhos recheados descansem em paz!).

Quero crescer como pai — em paciência, sabedoria e coerência. Também sei que não posso mudar o coração dos meus filhos. Não posso tomar as decisões por eles. Sou responsável por meu próprio coração, e tenho de ser responsável por ensinar o caminho do Senhor a meus filhos. Mas não existe receita garantida — digamos, a mistura certa de cultos domésticos, Tolkien, e nutrição — que infalivelmente produza os resultados desejados. Dez anos nessa coisa de ser pai, e eu só estou tentando ser fiel, e me arrependo por todas as vezes em que não o sou.

Tenho cinco filhos e, além da graça do Senhor, estou me amparando no fato de que existem apenas algumas coisas inegociáveis na criação de filhos. Quando pensamos nisso, o que a Bíblia realmente fala sobre sermos pais? Criação de filhos não é o tema principal da Escritura. Deus não provê muitas instruções específicas sobre a relação de pais e filhos, exceto que os pais têm de ensinar os filhos sobre Deus (Deuteronômio 6.7; Provérbios 1–9), discipliná-los (Provérbios 23.13; Hebreus 12.7–11), ser gratos por eles (Salmos 127.3–5), e não causar-lhes exasperação (Efésios 6.4). O preenchimento dos detalhes depende de cada família, cultura, sabedoria do Espírito, e muitos erros e acertos.

Existem maneiras de estragar a vida dos filhos, mas, graças a Deus, o Mclanche Feliz não é uma delas. Não existe uma fila direta do Ronald McDonald para a rebeldia eterna. Muito parecido com o fato de não haver correlação direta entre a criancinha que mal começou a andar e fica inquieta durante o culto e o jovem usuário de drogas. Será que, além dos fatores básicos para bons pais, a maior parte das outras técnicas e convicções não seriam apenas mordiscar em volta do que é essencial? Com certeza existem muitas maneiras dos bons pais tornarem seus filhos mais maleáveis no dia a dia, mas até mesmo a criançada viciada na Galinha Pintadinha, que acabou de comer um doce, e agora está assistindo o quinto filme da Pixar, ainda tem uma chance decente de não se tornar um futuro sociopata.

Lembro-me de que há alguns anos ouvi uma frase de Alistair Begg, citando outro homem, que dizia o seguinte: "Quando eu era jovem eu tinha seis teorias e nenhum filho. Agora eu tenho seis filhos e nenhuma teoria". Devo estar acima da média: levou apenas cinco filhos para eu esgotar todas as teorias!

Posso estar errado. Meus filhos ainda são pequenos. Talvez essa coisa de não haver uma teoria seja em si uma teoria. Sei apenas que, quanto mais tempo sou pai, mais desejo focar em realizar algumas coisas muito bem, e não me agitar muito com o restante. Quero gastar tempo com meus filhos, ensinar-lhes a Bíblia, levá-los à igreja, rir com eles, chorar com eles, discipliná-los quando eles desobedecem, dizer "desculpe" quando eu erro e orar uma tonelada. Quero que eles olhem para trás e pensem: "Não tenho certeza do que meus pais estavam fazendo ou mesmo se *eles* sabiam o que estavam fazendo. Mas sempre soube que meus pais me amavam e eu sabia que eles amavam a Jesus".

Talvez nosso coração esteja ocupado demais com medo e preocupação. Quem sabe estejamos exageradamente ansiosos. Talvez tenhamos compromissos demais. Quem sabe estejamos exagerando no negócio de ser pai ou mãe. E quem sabe, estejamos tornando nossa vida mais louca do que ela deveria ser. Embora não possamos evitar de nos ocuparmos muito com os filhos — pois, na verdade, este é um mandamento bíblico — com uma boa dose de oração, uma injeção de redirecionamento bíblico e um pouquinho de bom senso, podemos evitar ficar tão endoidados com os filhos.

Capítulo Sete
O PROFUNDO CHAMA À PROFUNDIDADE

Diagnóstico #5: Você está deixando a tela estrangular a sua alma

A primeira vez em que realmente fiquei cônscio da intensidade do "problema da tela" foi em conversa com alguns alunos que estavam em treinamento para o ministério. Eu falava em um dos melhores seminários quando, depois da aula, dois homens se aproximaram pedindo que eu respondesse uma pergunta em particular. Pelo jeito que estavam falando baixinho sobre suas lutas, e desviando os olhos, imaginei que eles tivessem algo incômodo a dizer. Eu estava certo de que falariam sobre pornografia. Com certeza queriam falar de suas lutas com a *internet*. Mas não eram viciados em pornografia. Estavam viciados nas mídias sociais. Não conseguiam parar de olhar o *Facebook*, e estavam gastando horas em *blogs* e "surfando" na *Web*. Isso aconteceu há alguns anos e eu não sabia como ajudá-los. Eu não conhecia essa luta antes e não estava pessoalmente imerso nela. Mas, cinco anos mais tarde, eu a conheço muito bem e estou mergulhado nela.

Eu costumava caçoar dos blogueiros. Zombava do *Facebook*. Dava gargalhadas quando falavam de *Twitter*. Nunca fui rápido em adotar novas tecnologias. Não me importava com o que Steve Jobs estivesse inventando. Não me importava com os "tecnófilos". Até tornar-me um deles. Agora, tenho um *blog*, uma página no *Facebook*, um *Twitter*, um *Bluetooth headset*, *iPhone*, *iPad*, *wifi* no trabalho e em casa, TV a cabo, *Wii*, *Blu-ray*, múltiplas contas de *e-mail* e mensagens ilimitadas. A soberba precede a ruína.

Nasci em 1977, e sendo assim, lembro da vida antes da revolução digital. Na faculdade tínhamos de ir ao laboratório de computação para entrar na *internet*, que não era grande coisa, porque nada acontecia no *e-mail* e eu não via nada interessante *online*. Mas quando cheguei ao seminário, as coisas haviam mudado. O e-mail era um modo essencial de comunicação e a *internet* era o meio pelo qual eu e meus amigos obtínhamos as notícias (e jogávamos futebol virtual). Mas mesmo então (no final dos anos 90 e começo dos 2000), a vida era muito menos conectada. Eu só obtive uma conexão em meu próprio quarto quando já estava na metade de meu curso de seminário — uma lerda monstruosidade daquelas que fazia barulho *eque-eque-eque*. Não tive um celular no colegial nem na faculdade nem durante minha graduação. Quatro ou cinco anos atrás eu não fazia nada com meu telefone e mal acessava a *internet* em casa. Não estou sugerindo que aquele tempo fosse mais puro e nobre, mas minha vida parecia menos espalhada e menos pressionada.

A CONVERSA TECNOLÓGICA É TRAIÇOEIRA

Escrever sobre tecnologia nos apresenta muitos desafios. Para começar, algumas pessoas não terão a mínima ideia do que estou falando. Provavelmente são mais velhas e não entendem que atração esses apetrechos exercem sobre as pessoas. O Senhor os abençoe. Espero que vocês tenham tanto prazer no mundo real quanto nós tínhamos.

Outro desafio é que algumas coisas específicas que estou tratando serão ultrapassadas dentro de dois anos, e tudo estará desatualizado alguns anos mais à frente. Por exemplo, parece loucura que estudantes de faculdade quase não utilizem mais *e-mail*. Você tem de mandar mensagens ou escrever no *Facebook* se quiser sua atenção.

Uma terceira dificuldade ao escrever sobre tecnologia é a propensão da reação exagerada contra ela. O impulso Luddite é forte entre os cristãos, e é fácil achar que a melhor resposta ao exagero tecnológico seja ficar furioso com as máquinas. No entanto, não adianta lamentar a perda de um mundo que nunca voltará a ser como antes e provavelmente não era o mar de rosas que imaginamos. Eu gosto de poder carregar a Bíblia no meu telefone e ter mapas das ruas de todo o país no meu bolso, podendo verificar os resultados e as notícias de meus amigos o dia todo, e falar com minha esposa enquanto estou no trabalho. Não há dúvida de que algumas coisas são melhores porque estamos todos interligados a tudo.

O problema é que existem coisas que não estão melhores. Temos de reconhecer que, à medida que a presença de aparelhos digitais e a dependência deles aumentam, com esse crescimento vêm novas capacidades *e* novos perigos. A questão não é se a revolução digital aumenta mais a correria louca de nossa vida e se ela confunde nossa saúde mental. A pergunta é, quais são as ameaças e o que podemos fazer para combatê-las?

Quais são as ameaças?

Muito tem sido escrito e ainda o será sobre os perigos de um apetite insaciável por estar conectado. Deixo que outros decidam se o *Google* nos torna mais bobos ou se os jovens são mais, ou menos, relacionais que nunca. Permita simplesmente que eu sugira três maneiras pelas quais a revolução digital é cúmplice de nossa experiência de estar loucamente ocupados. Pois se entendermos as ameaças, talvez consigamos alguma esperança de encontrar uma saída.

Primeiro, existe a ameaça do vício. Isso pode soar como uma palavra forte demais, mas é exatamente o que ela é. Você consegue passar um dia sequer sem *Facebook*? Pode passar uma tarde sem usar seu telefone? Que tal dois dias sem verificar os *e-mails*? Mesmo que alguém prometesse que não haveria emergências e nenhum trabalho novo surgiria, ainda assim teríamos dificuldade em ficar longe da telinha. A verdade é que muitos de nós não conseguem não clicar. Não conseguimos afastar-nos, mesmo por poucas horas, quanto mais por alguns dias ou semanas.

Em seu livro campeão de vendas *The Shallows*, [Águas rasas], Nicholas Carr reflete sobre como sua atitude diante da *web* mudou. Em 2005 — o ano que diz ele que a "web passou a ser 2.0" — descobriu ser divertidíssima a experiência digital. Amava ver como *bloguear* sucateou o aparato de publicações tradicionais. Amava a velocidade da *internet*, a facilidade, os *hyperlinks*, os mecanismos de busca, o som, os vídeos, tudo. Mas então, lembra-se ele, "uma serpente de dúvida deslizou para o interior de meu *infoparaíso*".[1] Percebeu que a *Net* controlava sua vida de uma maneira que seu computador pessoal tradicional jamais fizera. Seus hábitos estavam mudando, *morfando* para acomodar-se a um estilo de vida digital. Ele tornou-se dependente da *internet* para informações e atividades. Descobriu que sua capacidade de prestar atenção diminuía visivelmente.

> No começo, pensei que o problema era sintoma da decrepitude mental da meia-idade. Mas, percebi que meu cérebro não estava apenas vagueando. Estava faminto. Exigia ser alimentado do jeito que a *Net* o alimentava — e quanto mais era alimentado, mais fome tinha. Mesmo quando eu estava longe de meu computador, ansiava por verificar *e-mail*, clicar *links*, pesquisar alguma coisa no *Google*. Eu queria estar *conectado*.[2]

---

1 Nicholas Carr, *The Shallows: What the Internet Is Doing to Our Brains* (New York: Norton, 2011), 15.
2 Ibid., 16.

Já observei que o mesmo acontece comigo nos últimos anos. Não consigo trabalhar mais do que quinze minutos sem ficar ansioso por verificar meus *e-mails*, dar uma olhadela em um *blog*, ou me envolver com *Twitter*. É um sentimento terrível. Em um poslúdio do livro *The Shallows*, Carr explica que após o lançamento de seu livro, recebeu notas de dezenas de pessoas (geralmente por *e-mail*) que queriam contar suas próprias histórias de como a *web* tinha "espalhado sua atenção, secado sua memória; transformando-os em *'beliscadores' compulsivos* de salgadinhos da informática". Um moço de último ano na faculdade mandou-lhe um comprido bilhete, descrevendo como lutava com "uma de moderada a intensa forma de *dependência* da *Internet*" desde o terceiro ano do ensino fundamental. "Sou incapaz de focar qualquer coisa de forma profunda ou detalhada", escreveu o estudante. "A única coisa que a minha mente consegue..., na verdade a única coisa que minha cabeça *quer* fazer, é ligar de novo aquele ataque distraído e frenético de informação *online*." Isso ele confessava, ainda que tivesse certeza de que "todos os momentos mais felizes e realizados de minha vida tenham envolvido uma prolongada separação da *internet*".[3] Muitos de nós estamos simplesmente vencidos — hora após hora, dia após dia — pelo impulso de estar ligados na rede. Como cristãos, sabemos que "aquilo que domina a pessoa, é isso que a escraviza" [aquele que é vencido fica escravo do vencedor] (2 Pedro 2.19).

---

3 Citado em Ibid., 226.

Segundo, existe uma ameaça de acédia. Acédia é uma palavra antiga grosseiramente equivalente a "indolência" ou "apatia". Não é sinônimo de desocupado nem mesmo de preguiça. *Acédia* sugere indiferença e esquecimento espiritual. É como a noite escura da alma, só que com mais *não-sei-o-quê*, mais banalidade, menos interessante. Conforme Richard John Neuhaus explica:

> *Acédia* é noite sem fim obliterada pela televisão, fins de dia que não são nem entretenimento nem educativos, mas de defesa narcotizada contra o tempo e contra o dever. Acima de tudo, acédia é apatia, a recusa de envolver-se na compaixão de outras vidas e da vida de Deus junto ao próximo.[4]

Para muitos dentre nós — muitos demais — a correria, agitação e alvoroço da atividade eletrônica é uma triste expressão de acédia mais profunda. Sentimo-nos ocupados, mas não com um *hobby*, recreação ou jogos. Estamos ocupados com a condição de ocupação desenfreada. Em vez de procurar saber o que fazer com nossos momentos e horas livres, contentamo-nos em nadar nas águas rasas e gastar nosso tempo com simplesmente passar o tempo. Quantos de nós, acostumados à acédia de nossa era, sentimos a estranha mistura de ocupação desenfreada e sem vida? Sempre estamos movimentando nossos dedos, mas mui raramente movimentamos nossa mente.

---

4 Richard John Neuhaus, *Freedom for Ministry* (Grand Rapids, MI: Eerdmans, 1979), 227.

Fazemos constantes *downloads* de informações, mas raramente nos aprofundamos no que está no fundo de nosso coração. Isso é *acédia* — falta de propósito disfarçado de comoção constante.

Tudo isso conduz diretamente ao terceiro perigo de nosso mundo digital, o perigo de que nunca estamos sós. Quando digo "nunca sós", não estou me referindo a algum *Big Brother* a nos vigiar ou a ameaça de quebra de sigilo ou segurança. Estou falando de *nosso desejo* de nunca estar sozinho. Peter Kreeft está certo ao comentar:

> *Queremos* tornar nossa vida complexa. Não precisamos disso, mas *desejamos* essa complicação. Queremos estar agitados, incomodados e ocupados. Inconscientemente, queremos exatamente as coisas sobre as quais nos queixamos. Pois, se tivéssemos tempo, nos olharíamos e ouviríamos nosso coração, e veríamos o enorme buraco do coração que nos aterroriza; esse abismo é tão grande que só Deus o poderá preencher.[5]

Às vezes, indago se ando ocupado porque cheguei a crer na mentira de que uma ocupação doida é a razão de ser. Nada faz com que você seja mais ocupado — o tempo todo, com qualquer pessoa em qualquer lugar — que ter o mundo inteiro num pequeno retângulo preto em seu bolso. Em seu livro *Hamlet's*

---

5 Peter Kreeft, *Cristianity for Modern Pagans: Pascal's Pensées Edited, Outlined, and Explained* (San Francisco: Ignatius Press, 1993), 168.

Blackberry [O Celular de Hamlet], William Powers compara nossa era digital a um salão gigantesco. Nesse salão estão mais de um bilhão de pessoas. Mas, a despeito de seu tamanho, todo mundo está muito próximo a todo mundo. A qualquer momento alguém pode vir e cutucar seu ombro — um texto, um toque, um comentário, uma *tuitada,* uma postagem, uma mensagem, um novo *link*. Algumas pessoas se aproximam para falar de negócios, outras se queixam, outras contam segredos, outras flertam, outras querem vender-lhe alguma coisa, outras desejam dar informações, outras apenas querem dizer o que estão pensando ou fazendo. Isso acontece de dia e de noite. Powers o chama de "festival contínuo de interação humana".[6]

Temos imenso prazer neste salão — por um tempo. Porém, eventualmente nos cansamos do barulho incessante. Lutamos por encontrar um recanto pessoal. Alguém nos cutuca enquanto estamos comendo, enquanto estamos dormindo, enquanto estamos em um encontro. Até mesmo enquanto estamos no banheiro, nos incomodam! Então, resolvemos tirar férias, só um curto feriado. Mas parece que ninguém mais sabe onde fica a saída. Ninguém mais parece interessado em deixar o salão. Na verdade, parecem todos irritados porque parece que você não quer ficar no salão. E mesmo que você consiga achar a saída e espie por essa abertura, vendo o mundo encantado lá fora, você não tem certeza como será a vida do outro lado. É um salto de fé deixar o salão e ver o que acontece.

---

[6] William Powers, *Hamlet's Blackberry: A Practical Philosophy for Building a Good Life in the Digital Age* (New York: Harper, 2010), xii.

O ponto da parábola de Powers devia ser autoevidente. Como o anel de Tolkien, amamos esse salão ao mesmo tempo em que o odiamos. Queremos respirar o ar não poluído da independência digital, mas cada vez mais, aquele salão é tudo o que conhecemos. Como sair desse salão, quando todo o resto do mundo está se acomodando a ele? Como vamos passar o tempo e ocupar os pensamentos sem cada vez mais ouvir o som incessante de *tap, tap, tap*? Para muitos de nós, a rede é como o *Hotel Califórnia* da banda Eagles: podemos fazer o *check out* a qualquer hora que quisermos, mas nunca conseguimos sair.

O mais assustador é que talvez *não queiramos* sair. E se preferirmos os ruídos sem fim em vez do som ensurdecedor do silêncio? E se não quisermos ouvir a calma e suave voz de Deus? E se as trivialidades e distrações de nossos dias não nos forem forçadas pela nossa ocupação, e se nem mesmo forem forçadas sobre nós? E se escolhemos ser ocupados para que continuemos vivendo pelo trivial e pelo que nos distrai? Se a "ocupação digital é inimiga da profundidade",[7] então estamos fadados a ficar presos no lodo raso, desde que nunca estejamos sós. Nossa era digital dá nova relevância à famosa linha de Pascal: "Tenho dito com frequência que a única causa da infelicidade do homem está no fato dele não saber ficar quieto em seu quarto".[8]

Ou ficar fora daquele salão, se nos valermos da ilustração.

---

7 Ibid., 17.
8 Blaise Pascal, *Pensées*, trad. A. J. Krailsheimer (New York: Penguin, 1966, rev. ed. 1995), 37.

O QUE PODEMOS FAZER?

E agora o quê? Se este é o mundo em que vivemos e se são esses os perigos, qual é a nossa resposta? O que podemos fazer? Permita que eu ofereça várias ideias, algumas principalmente práticas, outras mais explicitamente teológicas.

Cultive uma saudável suspeita da tecnologia e do "progresso". Já afirmei que a tecnologia melhora nossa vida de muitas formas, portanto, não estou sugerindo que renunciemos qualquer coisa que tenha tomada de liga/desliga (embora isso pudesse tornar menos irritante o voo!). Mas poderíamos viver com um pouco mais de "distância" da tecnologia, um pouco mais de consciência de que a vida existia antes de existirem as últimas inovações tecnológicas e que pode existir vida sem elas. A admoestação de Neil Postman é sábia: a tecnologia "jamais deverá ser aceita como parte da ordem natural das coisas". Temos de entender que

> toda tecnologia — desde uma prova de QI até um automóvel, ou de um televisor até um computador — é produto de contexto econômico e político particular e leva consigo um programa, uma agenda, e uma filosofia que pode ou não enriquecer a vida, e, portanto, requer escrutínio, crítica e controle.[9]

Pense mais e seja mais compreensível em suas conexões com outros. Recentemente, notei que um amigo, após enviar *e-mails*

---

[9] Neil Postman, *Technopoly: The Surrender of Culture to Technology* (New York: Vintage, 1993), 184–185.

incrivelmente elegantes, estava ligando-os a *links* no final de suas mensagens. Durante algumas semanas eu ignorei essas mensagens (estava ocupado demais!), mas eventualmente a curiosidade me "pegou" e cliquei o *link*. Para minha surpresa, o *link* tinha conselhos muito úteis sobre como reduzir o tempo perdido com *e-mail*: não faça perguntas de final aberto, não envie de volta réplicas sem conteúdo; não "curta" sem boa razão; não espere resposta imediata. É incrível como funciona a minha impaciência. Se eu mando uma mensagem a alguém, espero resposta dentro de segundos. Quando respondo *e-mails*, posso admitir umas duas horas de espera, mas se envio para os amigos, espero ouvir de volta em questão de minutos. Cortar um pouco nossa ocupação desenfreada é um projeto comunitário. Temos de permitir respostas mais vagarosas e respostas mais curtas como não sendo rudes. Não espere que a cada cutucada a outra pessoa tenha de "virar" a cabeça dela!

Utilize deliberadamente a tecnologia "antiga". Se você não quiser ser dependente de seus aparelhos digitais, você tem de se esforçar para viver sem eles. Leia um livro de verdade. Escreva uma carta no papel. Compre uma boa caneta. Ligue para alguém por telefone. Procure alguma coisa no dicionário. Dirija com o rádio desligado e o *iPod* desconectado. Faça uma corrida sem música. Pare em uma loja real, sem vendas *online*. O alvo não é ser esquisito, mas reaprender algumas práticas que poderão ser mais agradáveis do jeito "antiquado"!

Imponha limites e lute com todas as suas forças para protegê-los. O passo mais simples para quebrar a tirania da tela é também o mais difícil: não podemos estar conectados todo o tempo. Temos de parar de levar nosso telefone para a cama. Não podemos verificar o *Facebook* durante o culto na igreja. Não podemos mandar mensagens a cada refeição. Ano passado, minha esposa e eu tivemos nossa maior briga porque ela me repreendeu fortemente por eu *tuitar* à mesa do jantar. Ela estava certa em ser severa e eu prometi nunca mais usar o *Twitter* durante as refeições (uma promessa que acho que cumpri).

A maioria das famílias poderia usar um bonito cesto onde todos os telefones e *tablets* e *laptops* ficassem descansando durante certas horas de cada dia (hora do jantar? hora silenciosa? hora de dormir? quando papai chega em casa?). A maioria de nós está precisando há muito tempo de *sábados* de descanso da telinha — segmentos do dia (até mesmo dias inteiros!) quando não estaremos "na linha do tempo" ou em frente de algum aparelho eletrônico. E a maioria de nós encontraria renovada liberdade se não checasse o telefone como a última e a primeira coisa que fazemos a cada dia. Entre todos os pequenos maus hábitos que tenho, que contribuíram para minha condição de ocupação desenfreada, provavelmente o pior é o hábito de verificar meus *e-mails* logo antes de ir para a cama e checá-los tão logo eu acorde!

Faça com que nossa teologia cristã tenha influência sobre esses perigos da era digital. Conquanto as sugestões de bom senso sejam sempre bem-vindas, nossos problemas mais profundos só podem ser solucionados com a verdade mais profunda. Devido à doutrina da criação, temos de afirmar que artefatos feitos pelo homem podem ser instrumentos para o florescimento humano e para a glória de Deus. Portanto, não descartamos imediatamente todas as novas tecnologias. Mas, porque temos um Deus que nos escolheu na eternidade passada e vê um dia como mil anos e mil anos como um dia, não seremos enfatuados com as últimas tendências e modas. E devido à encarnação, entendemos que não existe substituto para o relacionamento entre pessoas reais, em lugares fisicamente existentes. Assim, não aceitamos encontros virtuais como substitutos adequados para relacionamentos de carne e sangue.

Da mesma forma, porque compreendemos nosso valor como portadores da imagem de Deus e nossa identidade como filhos de Deus, não buscaremos a *internet* para provar que somos importantes, valiosos e amados. Por reconhecermos a presença do pecado que em nós habita, não ficaremos cegos às idolatrias e tentações em potencial, às quais é possível sucumbir na rede. E por saber que somos criaturas caídas, aceitaremos as limitações de nossa condição humana. Não é possível ter relacionamentos significativos com milhares de pessoas. Na verdade não podemos *realmente* saber o que está acontecendo no mundo. Não podemos estar ao mesmo tempo aqui e ali de verdade. O maior engano de nossa era digital talvez seja a mentira de que podemos ser *onicompetentes, oni-informados* e *onipresentes*. Não podemos ser nada disso. Temos de assumir nossa ausência, nossa incapacidade e nossa ignorância — e escolher com sabedoria. Quanto mais cedo abraçarmos nossa finitude, mais cedo estaremos livres.

Capítulo Oito

RITMO E APATIA

Diagnóstico #6: É melhor você descansar antes que se estrague totalmente

Chegamos ao final de nossa reunião semanal e eu notei que Jason tinha algo a dizer. Jason é um grande amigo e, junto com Ben, um dos dois melhores pastores auxiliares com quem um pastor titular pode trabalhar. Durante mais de uma hora tínhamos passado por toda a agenda quando Jason disse-me que tinha mais um assunto sobre o qual queria conversar.

– Kevin, você está tirando seu dia de folga?

Eu lhe falei sobre meu plano e como as últimas duas semanas tinham sido excepcionalmente loucas e cheias de surpresas. Longe de ser legalista, Jason ouviu com compreensão, mas insistiu um pouco mais:

– Você tem de tirar um dia de folga.

– Muitas vezes eu tiro.

– Toda semana?

— Bem, eu estava tirando as segundas-feiras, mas agora que as crianças estão na escola mudei para os sábados para poder passar o dia com elas. Só que a preparação de sermões sempre acaba tomando conta dos sábados. Tenho tentado passar tempo extra em casa uma ou duas vezes por semana. E meu horário é flexível – posso almoçar em casa, se for preciso.

— Você precisa de um dia de folga – meu amigo afirmou mais uma vez. Qualquer que seja a sua teologia sobre o sábado, você não está sendo inteligente. Não pode continuar desse jeito.

— Eu sei, eu sei. Você está certo. Alguma coisa tem de mudar.

O SÁBADO FOI FEITO PARA O HOMEM

Saber o que crer sobre o sábado é mais complicado do que parece. Alguns cristãos acreditam que pouca coisa mudou com relação ao quarto mandamento, e o domingo é agora o sábado cristão. Outros argumentam que o sábado foi cumprido em Cristo e agora temos liberdade quase completa em nossa rotina semanal. Uma minoria de cristãos acredita que o sábado ainda é o dia correto para o descanso e culto. Bastante tem sido escrito sobre essas importantes diferenças.[1] Pessoalmente, eu concordo com as três conclusões de Greg Beale:

> Primeiro, a comemoração do sétimo dia em Gênesis 2.3 e a ordenança do sábado de Israel foi transferida

---

[1] Veja, por exemplo: Christopher John Donato, ed., *Perspectives on the Sabbath: Four Views* (Nashville: B&H Academic, 2011); Iain D. Campbell, *On the First Day of the Week: God, the Christian, and the Sabbath* (Leominster, UK: Day One, 2005); D. A. Carson, ed., *From Sabbath to Lord's Day: A Biblical, Historical, and Theological Investigation* (Eugene, OR: Wipf & Stock, 1982).

para o primeiro dia da semana devido à ressurreição de Cristo.

Segundo, o modo como Israel observava o sábado, com todos seus requisitos detalhados, cai por terra e há um retorno ao mandato criacional. A observância deste mandato é um dia de comemoração do descanso criativo de Deus, uma celebração que olha para o futuro, quando os crentes terão entrada completa naquele descanso.

Além disso, a vinda de Cristo cumpre o mandamento singular de guarda do sábado por Israel, por ser ele o Messias de Israel, que cumpriu o êxodo israelita do fim dos tempos e representa o verdadeiro Israel e o templo do fim dos tempos.[2]

Ou, mais simplesmente, creio que a parte mais importante quanto ao mandamento do sábado é que devemos descansar somente em Cristo como nossa salvação. Porém, junto a isso ainda existe um princípio permanente de que devemos prestar culto no dia do Senhor e confiar em Deus para ter uma rotina semanal, na qual possamos parar com nosso labor normal.[3]

---

2 G. K. Beale, *A New Testament Biblical Theology: The Unfolding of the Old Testament in the New* (Grand Rapids, MI: Baker Academic, 2011), 800–801. As quebras dos parágrafos são minhas.

3 Para maior desenvolvimento de minha teologia sobre o quarto mandamento, ver Kevin DeYoung, *The Good News We Almost Forgot: Rediscovering the Gospel in a 16th Century Catechism* (Chicago: Moody, 2010), 178–182.

Quer você assuma os "faça e não faça" específicos do domingo quer não, espero que todos que se chamam cristãos concordem que Deus tenha nos criado do pó da terra, necessitados de tempos regulares de repouso. Ele construiu isso dentro da ordem da criação e o ordenou a seu povo. O plano de Deus não era de punir as criancinhas que tirassem sonecas aos domingos ou nos levar ao tédio total e inatividade uma vez a cada sete dias. Ele criou o sábado para o homem, não o homem para o sábado (Marcos 2.27). Deus nos dá o sábado como um presente; é uma ilha para se "chegar" a um mar de "possuir algo". Ele também nos oferece o sábado como uma prova; é a oportunidade de confiar mais na obra de Deus do que em nosso próprio trabalho. Quando passo semanas sem tirar tempo adequado de folga posso estar desobedecendo ou não o quarto mandamento, mas com certeza estou exageradamente convencido de minha própria importância e sendo mais que um tolo; se meu alvo é de produtividade que glorifique a Deus através de uma vida de trabalho pesado, existem poucas coisas de que preciso mais do que um ritmo regular de descanso.

NÃO TEM RITMO

É fácil encontrar pessoas que acham que o trabalho é bom e o lazer é mau (ou seja, você descansa para trabalhar). Também é possível achar gente que ache bom o lazer e mau o trabalho (ou seja, você trabalha para poder descansar). Mas de acordo com a Bíblia tanto o trabalho quanto o descanso podem ser bons, se feitos para a glória de Deus.[4] A Bíblia recomenda o trabalho esforçado (Provérbios 6.6–11; Mateus 25.14–30; 1 Tessalonicenses 2.9; 4.11–12; 2 Tessalonicenses 3.10) e também ressalta a virtude do repouso (Êxodo 20.8–11; Deuteronômio 5.12–15; Salmos 127.2). Ambos têm seu lugar. O difícil é colocar cada um em seu devido lugar.

Muitos de nós somos menos ocupados do que pensamos, mas a vida parece constantemente sobrepujante porque nossos dias e semanas e anos não possuem ritmo. Conforme vimos no capítulo anterior, um dos perigos da tecnologia é que trabalho e descanso se misturam numa sopa confusa. Nunca conseguimos *deixar* o trabalho quando estamos em casa, e assim, no dia seguinte, temos dificuldade para *voltar* ao trabalho quando estamos no trabalho. Não possuímos rotina, nada de ordem em nossos dias. Nunca estamos completamente "ligados" nem totalmente "desligados". Assim, perdemos tempo no *YouTube* por vinte minutos no escritório e atualizamos *e-mails* por quarenta minutos na frente da TV, quando estamos em casa. Talvez tal arranjo funcione para alguns empregadores e pareça libertador para muitos empregados. Mas com o tempo, a maioria de nós acaba trabalhando com menor efetividade, quer em casa quer no escritório, e temos menos prazer em nosso trabalho quando não temos um intervalo regular, concentrado, e proposital.

---

4 Ver Tim Chester, *The Busy Christian's Guide to Busyness* (Nottingham, England: Inter--Varsity Press, 2006), 25–34.

SUPER OCUPADO

Não muito tempo atrás, o *Wall Street Journal* publicou um fascinante artigo sobre Bernard Lagat, ganhador quatro vezes das Olimpíadas.[5] Nascido em Quênia, mas hoje cidadão norte-americano, Lagat tem também sete recordes americanos de *track and field*, abrangendo desde o de 1.500 metros até o de 5.000. De acordo com o artigo, um dos segredos de suas corridas é, na verdade, não correr. Após onze meses de treinamento e competições intensas, Lagat "põe os tênis no armário, relaxa e come por cinco semanas. Nada de correr. Nada de exercitar. Ele treina o time de futebol de seu filho e engorda quatro quilos". Desde 1999, a cada outono, ele tira essas longas férias. Lagat diz que "o descanso é uma boa coisa" e chama seu mês de inatividade de "puro enlevo". Mesmo os melhores do mundo precisam de uma folga. Na verdade, não seriam os melhores sem ela. O ócio não é apenas um prazer ou vício. É necessário para obter êxito ao realizar alguma coisa.

As pessoas gostam de dizer que a vida é uma maratona, não uma corrida de curta distância, mas na verdade, é mais parecida com uma prova de exercício de pista de corrida. Corremos muito e depois descansamos muito. Subimos um morro com ímpeto e então tomamos uma garrafa de *Gatorade*. Subimos uma escada, em seguida, uns duzentos metros, e alguns quatrocentos. Nos intervalos, descansamos. Sem esse descanso, nunca terminaríamos a série completa de exercícios. Se quisermos continuar correndo, temos de aprender a parar.

---

5 Scott Cacciola, "The Secret to Running: Not Running", *Wall Street Journal*, September 20, 2012.

Precisamos de tempo para aprender a parar. Como os israelitas tinham em seu calendário, precisamos de tempo de descanso a cada dia, e uma folga a cada semana, com certas estações de refrigério no decorrer do ano. Não podemos correr sem cessar e esperar que corramos muito bem!

Podemos até pensar que mais trabalho seja a resposta a nosso ímpeto decrescente e período curto de atenção, como faz um peixinho dourado; mas muitas vezes o descanso é o antídoto de que realmente necessitamos. Às vezes, o melhor preparo é caminhar sem rumo, em uma procrastinação que enriqueça a alma. Tire uma soneca, jogue *frisbee*, cante uma canção e, depois, escreva o artigo. A terra não produz uma colheita, se nunca ficar em pousio. Não podemos estar "por dentro" todo o tempo. Pense no calendário de Israel. Havia tempo para festejar e tempo de jejuar. Era em favor de sua piedade *e* produtividade que Deus os colocou em um padrão previsível, cheio de ritmos diários, semanais, mensais, sazonais, anuais e multianuais.

Esta é a razão pela qual devemos nos preocupar quando nossa vida está ficando cada vez mais sem ritmo. Não temos rotinas saudáveis. Não separamos nossos banquetes de nossos jejuns. Noite e dia perderam o sentido. Tudo está misturado e indistinto. A torneira pinga constantemente. A vida torna-se em mal-estar, até que não aguentemos mais, e desçamos a espiral da doença, do curto-circuito emocional, ou da depressão. Meu amigo, Jason, me confrontou por não querer que eu descesse por esse ralo.

Aos seus amados ele dá o sono

Buscar um padrão de equilíbrio entre trabalho e descanso significa mais do que um retiro anual ou um sábado semanal. Significa, de maneira muito prática, uma luta diária por conseguir dormir mais. Quando o livro de Provérbios fala sobre o preguiçoso deitado em sua cama, tem em mente a espécie de pessoa que prefere morrer de fome do que trabalhar, que prefere receber uma esmola do que enfiar as mãos no trabalho. A repreensão não é advertência de gastar o mínimo possível de seu tempo na cama. Deus fez com que precisássemos dormir, e quando achamos que podemos sobreviver sem isso, não só estamos rejeitando o seu dom (Salmos 127.2); também demonstramos a errônea dependência de nós mesmos.

Tendemos a assumir que é sempre maior indício de piedade deixar de dormir para realizar outra atividade mais importante; mas Deus nos fez criaturas físicas. Não podemos passar muito tempo sem dormir sem prejudicar muito nosso corpo e alma. Foi assim que Deus nos fez — finitos e frágeis. Ele nos criou para gastar quase um terço de nossa vida não fazendo nada exceto depender dele. Dormir é nossa maneira de dizer: "Confio em ti, Deus. Sei que serás o mesmo, sem eu tentar fazer tudo". Nós nos regalamos com as histórias dos grandes santos que se levantavam por volta das quatro ou cinco horas da manhã para orar, esquecendo-nos de que nos dias anteriores à eletricidade, a maioria das pessoas ia para a cama logo após escurecer e levantava bem cedo de manhã. A maioria dos nossos heróis do passado provavelmente dormia bem mais do que nós. Poucos de nós conseguem sobreviver, quanto mais florescer, no sentido de prosperar, dormindo apenas quatro ou cinco horas por noite.

Todas as contas apontam para o fato de que estamos dormindo menos do que antes. Nos Estados Unidos, a pessoa tem em média duas horas e meia a menos de sono do que os que viviam um século atrás.[6] De acordo com o Centro de Controle e Prevenção de Doenças dos Estados Unidos, mais de 40 milhões de americanos dormem menos que seis horas por noite.[7] Embora nos gabemos de quão pouco sono conseguimos obter, estudos demonstram que a privação do sono precipita problemas como a diabetes e a obesidade.[8] No mundo atual, sem os fatores ambientais que nos forçam a ir para a cama e com inúmeros dispositivos eletrônicos que nos mantém acordados, simplesmente não estamos obtendo as horas de sono de que necessitamos.

Contudo, nossas limitações naturais não podem ser transgredidas sem que soframos as consequências. Pode-se tomar tempo emprestado, mas não é possível roubar o tempo; Se você tem de terminar e entregar um trabalho até oito horas da manhã, e espera até o último minuto e passa a noite acordado para terminar, isso pode parecer-lhe um passo brilhante. Afinal de contas, o que você iria fazer com as horas entre a

---

[6] Richard A. Swenson, *Margin: Restoring Emotional, Physical, Financial, and Time Reserves to Overloaded Lives* (Colorado Springs: NavPress, 2004), 96.
[7] David. K. Randall, "Rethinking Sleep", *New York Times*, September 22, 2012.
[8] Mitch Leslie, "Sleep Study Suggests Triggers for Diabetes and Obesity", *Science* 335 (April 13, 2012): 143.

meia-noite e a manhã seguinte? Só desperdiçá-las na cama. Agora seu trabalho está feito e você só perdeu uma noite de sono. Boa medida!

Mas você só tomou tempo emprestado. Não ganhou nada. Ficou acordado a noite toda na quinta-feira, e agora, na sexta, você vai espatifar. Se não detonar na sexta, no sábado vai dormir cinco horas a mais. Se não conseguir refazer o sono no final de semana, é provável que na semana seguinte você fique doente. E se não ficar doente e continuar empurrando o tanque vazio, a sua produtividade vai despencar. Ou você terá um acidente de carro quando estiver além de exausto. Ou retrucará com grosseria a um amigo e causará uma explosão relacional que leve muitas semanas para consertar. O tempo que você pensou ter roubado não pode ser escamoteado tão facilmente assim. Não se pode indefinidamente enganar o sono. Quanto mais você tenta tomar emprestado seu tempo de sono, mais o seu corpo (ou Deus) o forçará a pagar por essas horas — com juros.

Quando, há alguns anos, li o sermão de D. A. Carson sobre a dúvida religiosa, fiquei impressionado que uma de suas seis possíveis causas para a dúvida fosse "privação de sono". Eis um dos maiores acadêmicos do mundo dizendo-nos que talvez sejamos espiritualmente obrigados a tirar uma soneca! Não ignore seu conselho:

> Se você continua queimando a vela de ambos os lados, mais cedo ou mais tarde você estará envolvido em

vil cinismo — e a linha entre o cinismo e a dúvida é muito tênue. Claro que indivíduos diferentes requerem números diferentes de horas de sono; além do mais, alguns lidam melhor com um pouco de cansaço do que outros. No entanto, se você é daqueles que se tornam desagradáveis, cínicos, ou até mesmo cheios de dúvidas quando falta o sono, você está moralmente obrigado a procurar dormir o quanto precisa. Somos seres inteiros, complexos: nossa existência física está ligada ao nosso bem-estar espiritual, à nossa disposição mental, ao nosso relacionamento com o próximo, e isso inclui o relacionamento com Deus. Às vezes, a coisa mais piedosa no universo que você poderá fazer é conseguir dormir bem por uma noite — não é orar a noite toda, mas dormir. Certamente eu não nego que exista lugar para orar durante uma noite inteira; mas estou apenas insistindo que no decurso normal das coisas, a disciplina espiritual nos obriga a obter o sono de que nosso corpo necessita.[9]

Sei que é mais fácil falar sobre sono do que fazer isso, especialmente para pais de crianças pequenas e aqueles que têm insônia, mas a maioria de nós pode melhorar sua vida de maneira significativa simplesmente indo mais cedo para a cama. Em algumas noites, não tenho como evitar, não tem

---

9 D. A. Carson, *Escândalo: A Cruz e a Ressurreição de Jesus* (São José dos Campos, SP: Editora Fiel, 2011), 153-154.

como dormir antes da meia-noite. Mas em outras noites, eu começo um projeto que não precisava começar, ou desperdiço trinta minutos falando ao telefone, ou perco uns quarenta e cinco minutos extras assistindo um evento esportivo sem sentido, ou gasto uma hora lendo por diversão tarde da noite, em vez de guardar meu tempo para que eu consiga levantar cedo para ler minha Bíblia na manhã seguinte. Se realmente prestássemos atenção, ficaríamos surpresos de ver o que fazemos ou não entre as vinte horas e a meia-noite. Talvez o culpado seja a sobremesa ou a cafeína ou o *Facebook*. Talvez tenhamos de cortar algum compromisso para a noite. Eu não posso tomar as decisões difíceis por você. Mas sei que preciso fazer mudanças também em minha vida. A privação do sono não pode se tornar estilo de vida para mim. Não posso fazer da meia-noite as novas onze horas, se ainda quiser levantar às seis e meia. A maioria de nós possui uma dívida tremenda de sono a pagar, e quanto mais cedo começarmos a fazer depósitos regulares, melhor será — melhor para o trabalho, melhor para a alma, e melhor para aqueles a quem amamos.

O DURO TRABALHO DO DESCANSO

Se este capítulo sobre descanso parece difícil, é porque é mesmo. É difícil confiar em Deus, difícil abrir mão do que agarramos, e difícil parar. Ao pensar em como andamos ocupados, as pessoas falam como se o trabalho árduo fosse o problema. Mas na verdade, não temos perigo por estarmos trabalhando demais. Simplesmente trabalhamos demais em proporções erradas. Se você trabalha oitenta horas por semana e nunca vê seus filhos nem tem tempo para conversar com sua mulher, as pessoas poderão chamá-lo de *workaholic*, viciado no trabalho. E, sem dúvida, está se esforçando muito para progredir em sua carreira. Mas talvez não esteja se esforçando para ser pai ou marido ou homem segundo o coração de Deus.

Todos nós sabemos que temos necessidade de descansar do trabalho, mas não percebemos o quanto precisamos nos esforçar para apenas conseguir descansar. Temos de planejar os intervalos. Temos de agendar tempo para viver livre de horários. A vida é assim para a maioria de nós. Ocupação dispersa, frenética, sem limites chegam a nós naturalmente. Os ritmos do trabalho e do descanso exigem planejamento.

Mais que isso, eles requerem hábitos piedosos. Jamais tenho dificuldades para encontrar tempo para nossos cultos de adoração aos domingos pela manhã. Nem uma vez sequer. Nunca estou com uma agenda dobrada nessas horas. Não sinto a pressão de dizer sim a mais um pedido ou espremer mais um compromisso no horário das onze da manhã de domingo. Por quê? Porque é um hábito de toda a minha vida. Aos domingos vou à igreja. Está ali. É fixo. Planejo para isso. O dia pode ser bem cheio, mas existe uma confortável rotina. Eu levanto, leio minha Bíblia, oro, dou uma olhada em meu sermão, tomo café da manhã, vou à igreja, oro, prego, prego novamente, converso com as pessoas, vou para casa, almoço, tiro uma soneca, olho meu sermão, volto para a igreja. O ritmo me dá propósito e ordem. Ele me dá vida.

SUPER OCUPADO

Não consigo passar o domingo sem ter ritmo. Também não irei muito longe na vida sem ritmo. Tem de haver horas em que não estou trabalhando — senão, não conseguirei descansar. E tem de haver tempo para o sono, ou continuarei tomando tempo emprestado, empréstimo que eu não conseguirei pagar. Eu não sou tão importante no universo de Deus a ponto de não ter condições de descansar. Mas minhas limitações, dadas por Deus, são tão reais que *não ouso* não descansar.

Capítulo Nove

ABRAÇANDO OS FARDOS DE SER OCUPADO DEMAIS

Diagnóstico #7: Você sofre mais porque não espera sofrer nada

Após diversos capítulos com listas de dez ou sete ou três itens (pelo menos não eram 40 ou 144.000!), permita que eu comece este capítulo com a conclusão: *a razão de estarmos ocupados é que supomos que devemos estar ocupados.*

Isso pode parecer estranho para (quase) terminar um livro sobre nossa extrema ocupação. Tenha em mente, porém, que este é o último dos sete diagnósticos, não o único. Se fosse o único ponto do livro você certamente pensaria: "Ótimo, a vida vai começar a piorar! É para eu me sentir assoberbado. Deveria estar negligenciando minha família e estressado por conseguir somente quatro horas de sono. Legal! Acho que vou mandar a criançada para o *tae kwon do*". Escrevi os outros capítulos do livro porque essa não é a maneira como devemos nos sentir. A ocupação pode ser um grande problema. Vem com sérios perigos espirituais. Há uma razão pela qual este não é o único capítulo do livro.

E também é uma das razões pelas quais este é um dos capítulos. Não quero que você pense que o melhor que fazemos por nós mesmos e pelo mundo é rejeitar todo pedido difícil, viver pelo lazer, e nos dar um gigantesco "festival do eu". Não quero que pense que trabalhar muito seja o problema, ou que sacrificar-se pelo próximo seja o problema, ou que o sofrimento seja necessariamente o problema. Se tiver criatividade, ambição e amor, você estará ocupado. Temos de discipular as nações. Temos de trabalhar com as mãos. Temos de amar a Deus com nossa mente. Devemos ter filhos e cuidar bem deles. Não é pecado estar ocupado. Não é errado ser ativo.

O excesso de ocupação, conforme eu a tenho diagnosticado, é tanto um estado da mente e doença de coração quanto um fracasso em gerenciar o tempo. Mas é possível viver os seus dias em um frenesi de trabalho árduo, servir e levar as cargas dos outros, fazendo-o com o caráter reto e a dependência correta em Deus, de modo a não sentir-se numa super ocupação. Pelo mesmo indício, é possível sentir-se incrivelmente estressado e agitado enquanto na verdade está fazendo bem pouco. O antídoto à ocupação desenfreada da alma não é indolência ou indiferença. O antídoto é repouso, ritmo, morte do orgulho, aceitação de nossa própria finitude, e confiança na providência de Deus.

A ocupação nociva não é estar ocupado trabalhando, mas a ocupação que se esforça demais com coisas erradas. É ocupar-se tentando agradar as pessoas, ocupar-se tentando controlar os outros, ocupar-se tentando fazer as coisas para as quais não fomos chamados. Sendo assim, por favor, não entenda de minhas palavras que trabalhar é ruim e levar as cargas uns dos outros é prejudicial. Isso faz parte da vida. Faz parte de ser cristão. Quando Tim Kreider, ao escrever para o *New York Times*, diz: "Os puritanos transformaram o trabalho em virtude, evidentemente esquecendo-se de que Deus o tivesse inventado como punição",[1] ele estava errado quanto aos puritanos e errado quanto a Deus. Fomos feitos para cultivar o Jardim de Deus, povoar e dominar a terra. As dores e os espinhos eram maldições, mas não o trabalho em si. Fomos criados para nos ocuparmos com o trabalho.

SERVIR É SOFRER

Uma das razões pelas quais temos uma luta tão grande com estar ocupados é que não esperamos que seja uma luta. Muitos cristãos no Ocidente — e eu me coloco entre os principais — conseguem viver facilmente com a presunção tácita de que não deveríamos sofrer. Corremos o risco de algum dia ter um câncer. É possível que percamos o emprego por um tempo. Pode até ser que recebamos um daqueles telefonemas aterrorizantes no meio da noite. Essas são perdas horrorosas. Mas no dia a dia, não esperamos sofrer. E quanto menos nós esperamos sofrer, mais arrasador será o nosso sofrimento.

Simplesmente não pensamos em nossa ocupação como parte *possível* de nossa cruz. E daí, se ser mãe de crianças peque-

---

[1] Tim Kreider, "The 'Busy' Trap", *New York Times*, June 30, 2012.

nas não é tão fácil assim? E daí, se pastorear uma congregação terá muitos desafios? E daí, se ser amigo, ou apenas ser cristão, exige consumo de muito tempo, carregar pesados fardos, ter um trabalho gloriosamente atarefado e doidamente ineficiente?

Em seu excelente artigo, "Servir é sofrer", Ajith Fernando escreve sobre utilizar nossos dons "em meio à bruma da fadiga".[2] Ele explica como as pessoas frequentemente condoem-se por ele servir em um país como Sri Lanka, uma terra devastada pela guerra e que hostiliza a evangelização. Ele admite que o ministério naquele país pode ser muito difícil. Um obreiro de seu ministério foi brutalmente assassinado em um assalto. Mas o maior sofrimento vem do povo com o qual ele trabalha: "Quer vivamos no Oriente quer no Ocidente, sofreremos se formos dedicados às pessoas", diz Fernando. Em seguida, ele conta uma história que deverá fazer com que nós do "mundo desenvolvido" nos despertemos e anotemos:

> Tenho um grande grupo de pessoas a quem escrevo pedindo orações quando tenho alguma necessidade. Às vezes, minha necessidade pujante é de vencer o extremo cansaço. Quando escrevo a respeito disso, muitos escrevem de volta dizendo que oram para que Deus me fortaleça e dirija minha agenda. Contudo, existem diferenças na maneira que amigos do Oriente e alguns do Ocidente respondem. Tenho forte impressão de que muitos no Ocidente acham que lu-

---

2 [53] Ajith Fernando, "To Serve Is to Suffer", *Christianity Today* (Agosto 2010), em: http://www.christianitytoday.com /globalconversation /august2010/.

tar contra o cansaço por trabalhar demais seja evidência de desobediência a Deus. Meu argumento é que está errado se alguém adoece por trabalhar demais devido a impulsos por sucesso ou por insegurança. Mas, é possível que tenhamos de suportar o cansaço quando nós, como Paulo, somos servos do povo.

Deixe que isso penetre sua mente, e então, leia mais um parágrafo:

> O Ocidente, tendo lutado com o tirano governo do tempo, tem muito a ensinar ao Oriente sobre a necessidade de descanso. O Oriente tem algo a ensinar ao Ocidente sobre abraçar os problemas físicos que advêm do compromisso com pessoas. Se você acha errado sofrer fisicamente devido ao ministério, então sofrerá mais por esse problema do que aqueles que acreditam que o sofrimento seja um passo inevitável no caminho para a frutificação e a realização.

Quando li isso pela primeira vez, há uns dois anos, eu precisei parar, pensar e, em seguida, me arrepender. Como sou rápido em ter pena de mim mesmo. Como sou veloz em presumir que eu não tenha de carregar fardos pesados. Como me apresso em concluir que Deus jamais iria querer que eu lutasse com problemas de cansaço ou doença por amor ao próximo. Eu entendo, ao me aproximar do final deste livro, que corro o risco de solapar todos os avisos e as prescrições necessárias que apresentei anteriormente. Confio que você seja suficientemente discernidor para saber que o presente capítulo não nega todos os que vieram antes. Mas sei, por experiência pessoal, que algumas formas de ocupação vêm do Senhor e dão glória a ele. O amor efetivo raramente investe pouco tempo. As pessoas levam tempo. Os relacionamentos são complexos. Se amarmos o próximo, como não ser ocupado, suportando forte pressão pelo menos uma parte do tempo?

Não importa quanto planejamos bem ou quanto sejamos reanimados por um sábado do Senhor ou por umas férias, com certeza haverá ocasiões em que a vida parece esmagadora. Enquanto eu trabalhava neste livro, tive o prazer de muitos dias de relativa calma, sem muitas pressões no meu horário. Mas tão logo voltei para o trabalho, tudo veio batendo de frente — tudo de uma só vez. É assim para qualquer de nós que volta depois de uma folga. No dia após voltar de minha licença para estudos, eu tinha uma reunião de presbíteros, uma reunião com nossos aprendizes pastorais, uma reunião com um casal que estava noivo para planejar seu casamento, e um funeral inesperado — além de todos os *e-mails* e telefonemas regulares e um sermão a preparar. Depois de semanas ruminando sobre estar ocupado demais, de repente eu estava novamente tremendamente ocupado. Nada neste livro poderia ter impedido a ocupação da volta ao trabalho, mas foi uma ajuda relembrar que nem sempre a ocupação é má e nem sempre ela poderá ser evitada. Minha mãe sempre dizia que haveria dias como estes!

ANSIEDADE APOSTÓLICA

Segunda Coríntios 11.28 sempre me pareceu uma passagem estranha. Até que me tornei pastor.[3] Aqui temos Paulo relatando as maneiras em que apanhou por amor a Jesus — prisões, chibatadas, varas, apedrejamentos, naufrágio e à deriva no mar, noites sem dormir, fome e sede, frio e exposição, perigo de todos e em todos os lugares (vv. 23-27) — e então, como a cereja no bolo, Paulo menciona mais uma provação: "Além das coisas exteriores, há o que pesa sobre mim diariamente, a preocupação com todas as igrejas" (v. 28). Esse é o poderoso apóstolo Paulo, aquele que contava como alegria "gastar e ser gastado" por seu povo (12.15), aquele que estava entristecido, porém sempre alegre (6.10). Esse é o Paulo que enfrentou toda espécie de oposição imaginável e ainda aprendeu a estar contente (Filipenses 4.11) e não estar ansioso sobre coisa alguma (4.6). E aqui, ele admite que, com tudo mais que já suportou, ainda sente a pressão e ansiedade diárias por todas as igrejas.

Desde que me tornei pastor, tenho encontrado conforto incomum neste versículo. Não é que tenha realizado o que Paulo fez, ou sofrido o que ele sofreu, mas todo ministro autêntico sentirá este fardo por sua igreja. E Paulo tinha diversas igrejas a pesar sobre ele! Mesmo que você não seja pastor, você sabe bem sobre o que Paulo está falando. Ele se refere à dor dos relacionamentos humanos. As primeiras comunidades

---

3 Esta última seção foi adaptada do meu artigo "Pastoral Pressure and Apóstolic Anxiety" [Pressão Pastoral e ansiedade apostólica], em *Tabletalk*, Agosto 2011.

cristãs (como as nossas comunidades cristãs) estavam repletas de brigas internas e calúnias. Tinham de tratar de falsos ensinamentos. Por um lado, eram propensas ao legalismo e, do outro lado, ao caos completo. Alguns membros da igreja tornavam questões insignificantes exageradamente importantes, enquanto outros estavam dispostos demais a comprometer as coisas essenciais do cristianismo. Paulo amava essas igrejas, e suas lutas eram fardo maior do que os naufrágios ou prisões.

Não me surpreendo que Paulo tenha sentido pressões todos os dias. Seu trabalho parecia não ter fim. Tinha cartas a escrever, visitas a fazer, uma coleta a ajuntar para a igreja de Jerusalém. Tinha de enviar pessoas aqui e ali e gerenciar à distância as questões de suas igrejas. Tinha de responder uma miríade de críticas, muitas vezes críticas conflitantes. Algumas pessoas achavam que ele era severo demais. Outros diziam que ele era fraco demais. Algumas de suas igrejas eram povoadas de ascetas que achavam que Paulo era demasiadamente mundano. Outras eram licenciosas e achavam que Paulo era eticamente exigente demais. Reclamavam de seu ensino. Questionavam suas credenciais. Comparavam-no negativamente aos outros apóstolos. Achavam que ele era deficiente quando comparado com falsos apóstolos que acatavam. Não gostavam do jeito que ele lidava com dinheiro. Não gostavam do estilo de sua pregação. Não gostavam do modo como fazia seus planos de viagem. Não gostavam de sua disciplina. Alguns dias, simplesmente não gostavam mais de Paulo. Tudo isso para o homem que os conduziu a Cristo, amou-os com amor de pai, plantou sua igreja, recusava seu dinheiro, e arriscou o pescoço por seu bem espiritual. Não havia, para Paulo, peso maior do que o peso do cuidado do povo de Deus.

    Paulo estava ocupado de todas as maneiras certas. Quando amamos a Deus e servimos ao próximo, também estaremos bastante ocupados. Às vezes, ficaremos irritados. Sentiremos muita pressão. Cansaremos. Estaremos desanimados. Ficaremos exaustos. Diremos: "Quem enfraquece, que também eu não enfraqueça? Quem se escandaliza, que eu não me inflame?" (2 Coríntios 11.29). Mas, sejamos encorajados! Deus usa coisas fracas para envergonhar as fortes (1 Coríntios 1.27). A sua graça nos basta, pois seu poder se aperfeiçoa na fraqueza (2 Coríntios 12.9). Por amor a Cristo, precisamos estar contentes mesmo com fraquezas, insultos, dificuldades, perseguições e calamidades. Sim, às vezes teremos de nos contentar em estar muito ocupados, pois quando estamos fracos é que somos fortes (v.10). Paulo sofria pressões de toda espécie. Você também as sofre. Mas Deus pode lidar com a pressão. Não se surpreenda quando tiver de enfrentar semanas de toda espécie de loucura. E não se surpreenda quando Deus o sustentar em meio a todas elas.

Capítulo Dez
A ÚNICA COISA QUE VOCÊ TEM DE FAZER

O problema com um livro sobre ocupação é que pessoas muito ocupadas são seus leitores. É boa a possibilidade de que você ainda não tenha chegado até o capítulo dez. E se tiver conseguido, agora está esperando uma grande recompensa: um ótimo plano para simplificar sua vida em cinco pontos; um brilhante manifesto de dez pontos sobre como restaurar a sanidade do seu mundo; um programa simples de doze passos para alcançar uma condição menos agitada em quarenta dias.

Bem, seja para melhor ou pior — na verdade, acho que é para melhor — não tenho uma proposta de autoajuda a oferecer. Eu não consigo consertar a sua vida quebrada e agitada. Já tenho dificuldades ao lidar com minha própria vida. Mas o que posso oferecer é a única coisa que você tem de fazer de modo absoluto, total. Pense nisso como plano de um só ponto sem garantia de resultados.

Só que ele o trará para mais perto de Jesus.

Que, a propósito, é a maneira positivamente melhor de lidar com sua ocupação.

UMA ÉTICA DE MARTA EM UM MUNDO PREGUIÇOSO À LA MARIA!

No final de Lucas 10 encontramos o mais perto de um sermão que Jesus fez sobre a questão de andar muito ocupado. Toda a história compõe um só parágrafo na maioria das Bíblias, e a parte de Jesus ocupa apenas duas sentenças. Talvez seja porque as pessoas ocupadas não lidam bem com longos sermões. De qualquer modo, foi a mensagem certa para aquela hora e é a mensagem certa para nós nos dias atuais:

> Indo eles de caminho, entrou Jesus num povoado. E certa mulher, chamada Marta, hospedou-o na sua casa. Tinha ela uma irmã, chamada Maria, e esta quedava-se assentada aos pés do Senhor a ouvir-lhe os ensinamentos. Marta agitava-se de um lado para outro, ocupada em muitos serviços. Então, se aproximou de Jesus e disse: Senhor, não te importas de que minha irmã tenha deixado que eu fique a servir sozinha? Ordena-lhe, pois, que venha ajudar-me.
>
> Respondeu-lhe o Senhor: Marta! Marta! Andas inquieta e te preocupas com muitas coisas. Entretanto, pouco é

necessário ou mesmo uma só coisa; Maria, pois, escolheu a boa parte, e esta não lhe será tirada (Lucas 10.38-42).

Não importa quantas vezes eu tenha lido essa história, sempre fico condoído com Marta. Quero entrar na cena e protestar: "Mas, Jesus, como pode estimular uma irresponsabilidade dessas? Há tempo para ensinar e aprender, mas esta não é a hora. A casa vai ficar bagunçada e ninguém vai arranjar o jantar, se você deixar que todo mundo fique aí adorando e orando, sentado a seus pés ao invés de limpar as coisas e servir essa gente".

Claro, geralmente não torno públicos esses pensamentos. Sei que aqui, Maria, não Marta, deve ser nosso exemplo. Alguém tem de fazer as coisas. Não podemos ficar lendo livros ou escutando sermões o dia todo. Eu sou pastor, e nem eu posso fazer isso. Minha família precisa de mim. A igreja, o governo, meus amigos — todos eles querem que eu fique por cima das coisas. O estilo de Maria pode dar certo para um monge ou um dia de retiro pessoal, mas o pequeno afastamento do trabalho por Maria simplesmente não é um jeito prático de se viver.

Além do mais, Marta estava fazendo coisas importantes. Não é como se ela estivesse grudada no telefone ou assistindo gatinhos brincarem. Ela estava servindo, conforme a Bíblia ordena (Romanos 12.7; 1 Pedro 4.11). Precisamos de *Martas*. Precisamos de servos que sirvam. Alguém tem de lavar a louça. Alguém tem de empilhar as cadeiras. Alguém tem de arrumar a mesa e pré-aquecer o forno, para que as *Marias* deste mundo tenham as suas epifanias espirituais.

Bom, melhor, o melhor

Era o que Marta sentia. É como muitos de nós pensamos. Isso é perfeitamente compreensível. Só que não é o jeito que Jesus enxerga as coisas. Marta implora a Jesus que faça alguma coisa (Lucas 10.40). Pensa: "Com certeza Jesus verá o que está acontecendo. Com certeza aquele que veio para servir verá todo o problema que Maria está me causando. Certamente Jesus vai me apoiar".

Mas não é o que ele faz.

Jesus começa dizendo seu nome duas vezes. A repetição traduz intensa emoção, como "Mestre, Mestre!" (Lucas 8.24) ou "Ó Jerusalém, Jerusalém!" (13.34) ou "Simão, Simão!" (22.31). É possível que Jesus estivesse irritado: "Marta! Marta!" Mas suspeito que na verdade ele tenha sido mais gentil e suave. João 11.5 diz que "Jesus amava Marta, e a sua irmã, e a Lázaro". Jesus amava toda essa família. Marta era uma senhora bondosa, generosa com seus hóspedes, que levava a sério sua hospitalidade. Não penso que Jesus estivesse irritado. Apenas queria que sua amiga visse o que a irmã dela já enxergava.

"Marta! Marta!" diz ele, "andas inquieta e te preocupas com muitas coisas". A *Nova Versão Internacional* diz que ela estava "preocupada e inquieta". A Bíblia Viva diz: "Marta, Marta, você se encontra tão preocupada com todos esses serviços caseiros". Muitos de nós entendemos. Passamos dia após dia, mês após mês de doideira: preocupados, irritados, ansiosos, perturbados, inquietos, amolados, agitados. Cada mancha, cada projeto de escola, cada pia suja, cada visita de surpresa, cada surto de responsabilidade torna-se causa para pânico. Parafraseando Tito 3.3, vivemos como escravos de diversas paixões e prazeres, passando os dias em caos e inveja, apoquentados pelos outros e apoquentando uns aos outros. Estamos todos muito ocupados, mas não com aquilo que tem maior importância.

É o *xis* de toda essa história: "Marta, você está surtando, mas só uma coisa é necessária. Maria escolheu a boa parte. Ela está sentada aos meus pés para aprender e adorar. Não vou tirar isso dela. A sua ocupação não está errada. Mas não é a melhor parte". Concordo que não devemos tomar esse episódio como modelo para todos os momentos de cada dia. Se Deus esperasse que nós nada fizéssemos a não ser ficar sentados no chão de pernas cruzadas escrevendo nossos pensamentos, a Bíblia poderia ser bem menor. O exemplo de Maria não é um chamado para a vida contemplativa em algum claustro. Mas é forte lembrete de que temos de manter as primeiras coisas em primeiro lugar.

Pelo que entendo, a palavra mais importante da história é "agitada", no versículo 40. Marta não está fazendo nada de ruim. Só está afastada daquilo que é melhor. Ela está tão preocupada com o jantar a ponto de dar a Jesus as suas sobras espirituais. Pessoalmente, tenho o paladar de um menino de quatro anos e não gosto da maioria das comidas na primeira vez que as provo. Na verdade, não gosto de sobras. Mas é o que oferecemos a Deus quando não mantemos as primeiras coisas em primeiro lugar. Ele não está olhando de cara feia lá do céu quando temos um dia para lá de ocupado. Contudo, ele sabe quando está nos faltando a "melhor parte". Não basta que as "coisas de Deus" preencham as "rachaduras" durante o dia. Sentar aos pés de Jesus nunca simplesmente acontece. Temos de fazer que seja prioridade o aprender dele e tomar tempo para estar com ele.

De fato, *a grande* prioridade. Se alguém gravasse a sua vida por uma semana para então mostrar a gravação a estranhos, o que eles concluiriam seria a "boa parte" em sua vida? O que concluiriam ser a única coisa que você tem de fazer todo dia? Dobrar as roupas secas? Limpar a casa? Verificar todos os *e-mails*? Postar no *Facebook*? Aparar a grama? Assistir ao jogo? Sei que você tem coisas a fazer. Eu também tenho muitas coisas que tenho de fazer. Porém, dentre todas as questões da vida, será que podemos dizer e *mostrar* com honestidade que ficar aos pés de Jesus é a única coisa necessária?

É POR ISSO QUE SÃO CHAMADOS DE DEVOCIONAIS

Se você estiver cansado de sentir-se horrivelmente ocupado e procura um plano de um único ponto para ajudar a restaurar ordem à sua vida, este é o melhor conselho que conheço: gaste tempo a cada dia com a Palavra de Deus e em oração. Não digo quanto tempo tem de ser gasto. Pode ser que você comece com cinco minutos ou quinze ou cinquenta. Alguns poucos minutos sem pressa são melhores do que uma hora cheia de distrações, e o hábito consistente é melhor que um romper esporádico de acessos e começos. Como alguém que desde os tempos do ensino médio tem tirado tempo para devocionais — e também tem batalhado para conseguir tirar tempo para devocionais — posso afirmar que nenhuma única prática oferece maior paz e disciplina do que quedar-se aos pés Jesus.

Entendo que terminar este livro desta maneira é um perigo potencialmente debilitante. A procura por tempo pessoal a sós com Deus é uma das fortalezas do legalismo. O meu alvo não é estabelecer uma lei que diz que você tenha de ler a Bíblia em um ano ou o Senhor irá golpeá-lo em sua ira. Mas, escute isso, estes períodos de tempo são chamados de "devocionais diárias" com razão. Existem poucas coisas que demonstram mais nossa dedicação a Cristo do que fazer prioritário o nosso tempo com ele a cada dia. Como observou J. C. Ryle:

> Dentre todas as evidências da verdadeira obra do Espírito, um vigoroso hábito de oração particular é um dos que mais satisfazem. Um homem poderá pregar por motivações falsas. Poderá escrever livros e fazer excelentes palestras, parecendo diligente em boas obras e ainda ser um Judas Iscariotes. Mas raramente um homem entra em seu quarto e derrama sua alma diante de Deus em segredo, a não ser que ele seja muito sério.

As pessoas sabem se você ora à mesa do jantar. Sabem se você frequenta o culto de adoração aos domingos. Sabem se você participa de um pequeno grupo de estudo. Sabem se você pode ser uma boa anfitriã, oferecendo refeição em sua casa. Mas não sabem se você está encontrando lugares à parte para orar. Por esta razão é que Ryle diz: "O Senhor mesmo coloca um selo sobre a oração como a melhor prova da conversão".[1]

Como muitos de vocês, consigo olhar para minha vida cheia de ocupações e não sei por onde começar. Queria me exercitar mais, comer mais saudavelmente, manter meus recibos em dia, programar as revisões do meu carro, manter em ordem os meus arquivos, e saber onde guardei o bico de encher da bola de basquete e, em geral, que eu não sentisse como se estivesse andando sobre o fio da navalha da loucura todo o tempo. A minha tentação é enfrentar tudo de uma só vez. Ou então, não fazer nada. Mas o plano realmente melhor é começar com o plano de Jesus.

Deus nos deu a todos vinte e quatro horas por dia, todo dia. É o único recurso distribuído com completa igualdade. E para a maioria de nós, na maior parte, nós todos fazemos com essas horas aquilo que consideramos mais importante. Eu queria que conseguisse correr mais, mas aparentemente, valorizo o descanso em casa, ou trabalhar até tarde, ou conseguir dormir um pouco mais. Assim, a resposta não é apenas força de vontade: "Tenho de gastar mais tempo com Jesus!" Isso não dura. Temos de crer que ouvir de Deus é nossa melhor porção. Temos de crer que a oportunidade mais significativa que está diante de todos nós é a oportunidade de sentarmos aos pés

---

1 J. C. Ryle, *A Call to Prayer*. Acessado em Janeiro 17, 2013, http://www.gracegems.org/Ryle/a_call_to_prayer.htm.

de Jesus. Não reorganizaremos as nossas prioridades até que realmente creiamos que sentarmos aos pés de Jesus é a melhor parte de todas.

Em seu livro *The Power of Habit* [O poder do hábito], Charles Duhigg argumenta que as pessoas geralmente mudam com mais eficiência os seus maus hábitos, focando apenas sobre um modelo, ou o que Duhigg chama de "hábito fundamental".[2] Você não tem de concordar com tudo do livro de Duhigg para ver a sabedoria dessa sugestão. Se concentrarmos em um hábito específico, em vez de nos milhares de áreas que compõem nossas vidas cheias de ocupação, seremos mais aptos ao sucesso, não somente naquela única área como também em muitas outras. Por exemplo, pense no que aconteceria se você tornasse seu único alvo firme e resoluto o gastar tempo todos os dias com a Palavra de Deus e em oração. Provavelmente você resolveria que precisa ir para a cama mais cedo para ter tempo de manhã para a leitura e oração (ou para que você não caia no sono mais tarde durante o dia). E porque quer dormir mais cedo, você terá maior cuidado com o que come tarde da noite. E pensaria duas vezes antes de assistir um programa que não tinha a mínima intenção de ver ou remexer pela *internet* por trinta minutos por nada em especial. E, também, talvez você sentisse menos estresse, se precisasse sair deixando a casa um pouco desarrumada, se tivesse escolhido a melhor parte, e sentado aos pés de Jesus.

---

[2] Charles Duhigg, *The Power of Habit: Why We Do What We Do in Life and Business* (New York: Random House, 2012), xiv, 97–126.

Quem sabe você também passasse a ignorar aqueles *e-mails* de depois do horário do trabalho, ou simplesmente guardasse todas as telinhas. Quem sabe quantas distrações pequeninas você conseguiria deixar de lado em um esforço para ser mais como Maria do que como Marta?

E isso sem contar os benefícios espirituais. Ao gastar tempo com o Senhor na Palavra e em oração, estaremos propensos a obter novas perspectivas sobre nossas lutas e dores de cabeça. Começar cada dia com a eternidade torna nossos problemas triviais e as longas listas de coisas a fazer bastante insignificantes. Ao sentarmos aos pés de Jesus, nós nos tornaremos mais como ele — mais pacientes, mais amáveis, pensando mais no próximo. Veremos que nossa telinha não nos satisfaz como o nosso Salvador o faz. Veremos que a sabedoria não nasceu ontem ou a trinta e dois segundos na mídia social. Aprenderemos a manter ao mínimo as nossas queixas e nossos olhos fixos na cruz. E ajudaremos melhor aqueles que nos cercam. O que Paul Tripp diz a respeito do ministério pastoral é verdade para o ministério de todos:

> Estou cada vez mais convicto de que o que dá motivação, perseverança, humildade, alegria, ternura, paixão e graça ao ministério é a vida devocional daquele que está realizando o ministério. Quando admito diariamente o quanto sou carente, meditando diariamente na graça do Senhor Jesus Cristo, e me alimento diariamente da sabedoria restauradora de sua Palavra, sou

motivado a compartilhar com os outros a graça que recebo a cada dia das mãos de meu Salvador.[3]

Quem sabe a devoção a Cristo seja realmente a única coisa necessária.

A VIDA QUE DESEJAMOS É A VIDA QUE NECESSITAMOS

Espero que você perceba que este livro foi escrito para mim tanto quanto eu o tenha escrito para outras pessoas. Sou uma pessoa do tipo A. Tenho forte senso de responsabilidade e obrigação. Não gosto de decepcionar as pessoas. Não gosto de deixar as coisas sem fazer. Não gosto de chegar atrasado. Acordo de manhã com o meu motor a pleno vapor. Falo muito sobre coisas como as de Maria porque estou ligado para funcionar como uma Marta. Assim também funciona a maioria de vocês. Odiamos estar ocupados demais. Mas é possível que não odiemos isso o suficiente para mudar. O dano da ocupação desenfreada tem de ser combatido com algo mais forte.

Você já observou tudo mais que acontece em Lucas 10 antes de chegarmos a Maria e Marta? Jesus envia setenta e dois discípulos em uma viagem missionária. Eles curam os enfermos, expelem demônios e pregam o evangelho. Jesus considerou tão bem-sucedida a viagem que disse ter visto Sa-

---

[3] Paul Tripp, *Dangerous Calling: Confronting the Unique Challenges of Pastoral Ministry* (Wheaton, IL: Crossway, 2012), 35.

tanás caindo como um raio do céu (v. 18). Então, mais tarde no capítulo 10, Jesus conta a parábola do bom samaritano, o homem que demonstrou compaixão a um estranho, amou o próximo, e sofreu inconveniências pelo bem de seu semelhante na humanidade. Você vê como Lucas coloca a história de Maria e Marta depois de todas essas atividades? Este episódio não está aqui por acaso. Creio que Deus deseja que vejamos que se curarmos os enfermos e expelirmos os demônios e pregarmos o evangelho e demonstrarmos misericórdia e fizermos justiça e não nos assentarmos aos pés de Jesus, teremos perdido a única coisa de que realmente precisamos. A única coisa mais importante do que cumprir nosso ministério é sermos ministrados também.

Providenciar o tempo consistente para estarmos com a Palavra de Deus e a oração é o lugar para começar, porque estar com Jesus é a única coisa forte bastante para nos arrancar de nossa ocupação. Lucas 10.38–42 nada mais é que uma versão em história de Deuteronômio 8.3: "Não só de pão viverá o homem, mas de tudo o que procede da boca do Senhor". Não saberemos dizer *não* à maior loucura até que saibamos dizer mais *sim* a Jesus. Continuaremos escolhendo brioches em lugar do pão da vida. Continuaremos escolhendo a fanfarra do mundo em vez de sentar aos pés de Jesus. Em lugar da bênção, escolheremos estar super ocupados.

Não é errado estar cansado. Não é errado sentir-se sobrepujado, ou passar por fases de completo caos. O que está errado — e tolamente quebra o coração, mas de forma maravilhosa poderá ser completamente evitado — é viver uma vida de loucura maior do que queremos por termos menos de Jesus do que necessitamos.

FIEL MINISTÉRIO

O Ministério Fiel visa apoiar a igreja de Deus, fornecendo conteúdo fiel às Escrituras através de conferências, cursos teológicos, literatura, Ministério Apoie um Pastor e conteúdo online gratuito.

Disponibilizamos em nosso site centenas de recursos, como vídeos de pregações e conferências, artigos, e-books, audiolivros, blog e muito mais. Lá também é possível assinar nosso informativo e se tornar parte da comunidade Fiel, recebendo acesso a esses e outros materiais, além de promoções exclusivas.

Visite nosso site

www.ministeriofiel.com.br

Esta obra foi composta em Chaparral Pro Regular 12, e impressa
na Promove Artes Gráficas sobre o papel Pólen Natural 70g/m²,
para Editora Fiel, em Maio de 2025.